同化ユダヤ人のすばらしい日本への貢献

出雲・諏訪・祇園祭・能と秦氏

田中英道
東北大学名誉教授

文芸社

はじめに

　私は日本の歴史の範囲を朝鮮・中国にとどまらず、西洋にまで広げて、広い範囲から歴史を語ってきました。おかげさまで『日本にやって来たユダヤ人の古代史』（文芸社）と『日本とユダヤの古代史&世界史』（茂木誠氏との共著、ワニブックス）が多くの人に読まれ、同化ユダヤ人に関する研究に関心を持ってくれる人が増えているのはうれしいことです。

　私が日本とユダヤ人との関係を研究し始め、二〇一八年にはテルアビブ大学（イスラエル）の国際学会で、ユダヤ人埴輪《はにわ》の研究を発表したときには、大きな反響を呼びました。しかし、学者たちの反応は鈍く、歴史を研究するときにユダヤ人の渡来という「新事実」を受け入れ、研究対象にするまでにはまだ時間がかかりそうです。

　彼らは朝鮮・中国に限定された思考領域を崩されてしまうので沈黙しているのでしょう。しかし、私はそんなことにはこだわらず、自分の考察を続けていきます。なお、今回も私の考察・研究を応援し、出版までこぎつけてくれた編集者の高橋聖貴氏に感謝します。

本書は『日本にやって来たユダヤ人の古代史』『日本とユダヤの古代史&世界史』に続き、日本とユダヤ人との関係について、もっと深いところまで研究し、彼らが日本の文化形成等にどれほど貢献したかをまとめたものです。


各章の概要を説明しておきましょう。

まず第1章では、出雲と秦氏《はたし》のつながりについて書いています。出雲大社と秦氏についてはこれまでの本でも述べていますが、今回は「出雲口伝」という民間に伝わる文書を用いて、出雲族と秦氏について、興味深い事実を明かしています。

第2章では、諏訪と秦氏について考察しています。諏訪大社やミシャグチ（ミシャグジ）神について、主流とされてきた説とは異なる見解を述べようとしています。

第3章では、祇園祭と秦氏を取り上げます。祇園祭については、二〇二一年に出版した『京都はユダヤ人秦氏がつくった』（扶桑社）でも一章を割いて取り上げましたが、それ以後さらに新たなことを付け加え、最新の知見をまとめています。

第4章では、能と秦氏について、取り上げます。二〇二三年に『能の起源と秦氏』という、能楽小鼓《こつづみ》方《かた》大倉流十六世宗家の大倉源次郎氏との対談を本にしたものを出版しましたが、ここではその対談で言い足りなかったことや、能と秦氏やユダヤについて考えていることの一端を披露します。

本書の内容が、これまでの教科書通りの知識や常識にとらわれず、新しい視点を柔軟に取り入れて、研究しようと思っているみなさんに届くことを望みます。


二〇二三年一〇月にパレスチナのガザ地区を支配するハマスがイスラエルを攻撃して以来、この原稿の執筆時点（二〇二四年三月）でもイスラエルのガザ地区への侵攻・攻撃は続いています。しかし古代に日本に渡来したユダヤ人を日本の人々が受け入れたように、イスラエルとパレスチナも共存の道を探るしかないと私は思います。

日本にやってきたユダヤ人は、日本の人々の誠実さや人を疑わないすばらしい人間性に触れ、自らの信仰を捨て日本に同化する道を選びました（彼らを私は同化ユダヤ人と呼んでいます）。受け入れた側の日本ではユダヤ系秦氏たちを各地に派遣して農耕や機織《はた》り（畑も機も秦氏のハタです）や神社造りなどの産業の振興に当たらせました。また官僚に登用され、天皇に仕えた者も多くいました。

まさにイスラエルとパレスチナの問題を考えるときにも、ユダヤ系秦氏が日本にどのように受け入れられ、同化していったかを知ることは参考になるでしょう。その点で、本書の内容は今日的な意味を持っています。

今回、四つのテーマを選び、一冊にまとめましたが、私の日本とユダヤ人に関する研究はまだまだ途上。これから深く研究したいテーマはいくつもあります。この新しく世界的主題を深めた研究の中途報告として、本書を読んでもらえればと思います。

田中英道

目次

第3章　祇園祭とスサノオと同化ユダヤ人　127

第4章　能に引き継がれるユダヤ文化 165

カバーデザイン　吉原遠藤（デザイン軒）
編集協力　杜聡一郎
校正　鷗来堂

第1章

「出雲口伝」に描かれた同化ユダヤ人

民間伝承も研究対象とすべき理由

まず第1章では、「出雲口伝《くでん》」という民間に伝わっている文書の話から始めましょう。

一般的に、こうした民間に代々伝わっている口伝、あるいは文書が出てくると、「はたして本物かどうか」「偽書ではないか」、あるいは「キワモノではないか」といったことが問題になります。

もちろん、無批判にそのまま受け入れるわけにいきませんが、隠された歴史上の事実を読み解ける可能性もあるので、よく内容を吟味し、受け入れるかどうかを判断する必要があるでしょう。

例えば、シュメール文明が日本の起源だとか、ペルシャ文明がそれだとか、世界のさまざまな地域の民族が古代の日本に来ていたといった説を見かけます。これらは、ユダヤ人が古代の日本に来て日本に影響を与えたという説とはまったく異なります。似て非なる説です。

古代のユダヤ人には他の民族とは異なる事情がありました。それは帰るべき国を持たなかったということです。

ユダヤ人を除けば、世界の歴史の中でそうした民族は非常に少ないのです。そして、ユダヤ人は東方を神聖視していたので、ユーラシア大陸を東へ東へと移動して、日本にたどり着くことになりました。

イスラエルという国が建国された現在でも、ユダヤ民族の四〇パーセントほどしかイスラエルに帰還していないのは、彼の地にはもうユダヤ民族の故郷としての記憶がないからです。

キリストの墓とされる場所に建つ聖墳墓教会（エルサレム）

この点について、フランスの文化人類学者クロード・レヴィ＝ストロースは、「イスラエルとキリスト教の聖地を訪れたが、九州を訪れたときの方が身近にイスラエルとキリスト教を実感した」という趣旨のことを書いています（拙著『世界史の中の日本　本当は何がすごいのか』育鵬社）。キリスト教の聖地を訪れても感動できなかったというのです。

つまり、ベツレヘムの洞窟やキリストの聖墓などとされるものは残っていますが、イスラエルがさまざまな民族が来ては去っていく場所になってしまっていて、ユダヤ人の地であるという記憶が場所に刻まれていないと感じたというのです。それでは、イスラエルはユダヤ人にとって帰還すべき場所とはなりません。

『旧約聖書』に神道を思わせる記述

国を失ったユダヤ人は世界中のあらゆる国へ散っていきましたが、これまで日本にも来ていたことはほとんど知られていませんでした。ユダヤ人の渡来には何度かの波があり、その最初の波は『旧約聖書』の「申命記」にも書かれています。

『旧約聖書』には、エジプトの奴隷になっていたユダヤ人をモーセが導き、カナンの地（現在のイスラエルのあたり）へ約四十年をかけて帰還したという話が出ています。

しかし、エジプトからカナンまでは四十年もかかるような距離ではありません。このときにユダヤ人の一部がモーセのもとから離れ、日本にやってきたと考えられるのです。

「申命記」は死を前にしたモーセによる説話をまとめたものです。その第二十八章には、「あなたの神、主の声に聞き従わなかったから、残る者が少なくなるであろう」と書かれています。

また、「主は地のはてからはてまでのすべての国々の民の中に、あなたを散らす」とも述べられています。ユダヤ人の離散について書いているのです。

さらに、「その所で、あなたもあなたの先祖たちも知らなかった木や石で造った他の神々に仕えるであろう」とも記されます。木や石を信仰対象にするというこの記述は、日本の神道について述べていると考えられます。

「申命記」のこれらの記述は、日本に渡ってきたユダヤ人の第一波を示したものと言ってよいでしょう。

ユダヤ人はなぜ離散したか

「申命記」はモーセが著したものと伝承されています。それが本当なら、紀元前十二～十三世紀の頃に成立したことになります。しかし、実際の「申命記」の成立時期は紀元前六七〇年頃とも推測されています。

ユダヤ人は紀元前七二二年にアッシリアに追われて離散しており、これが「申命記」の記述

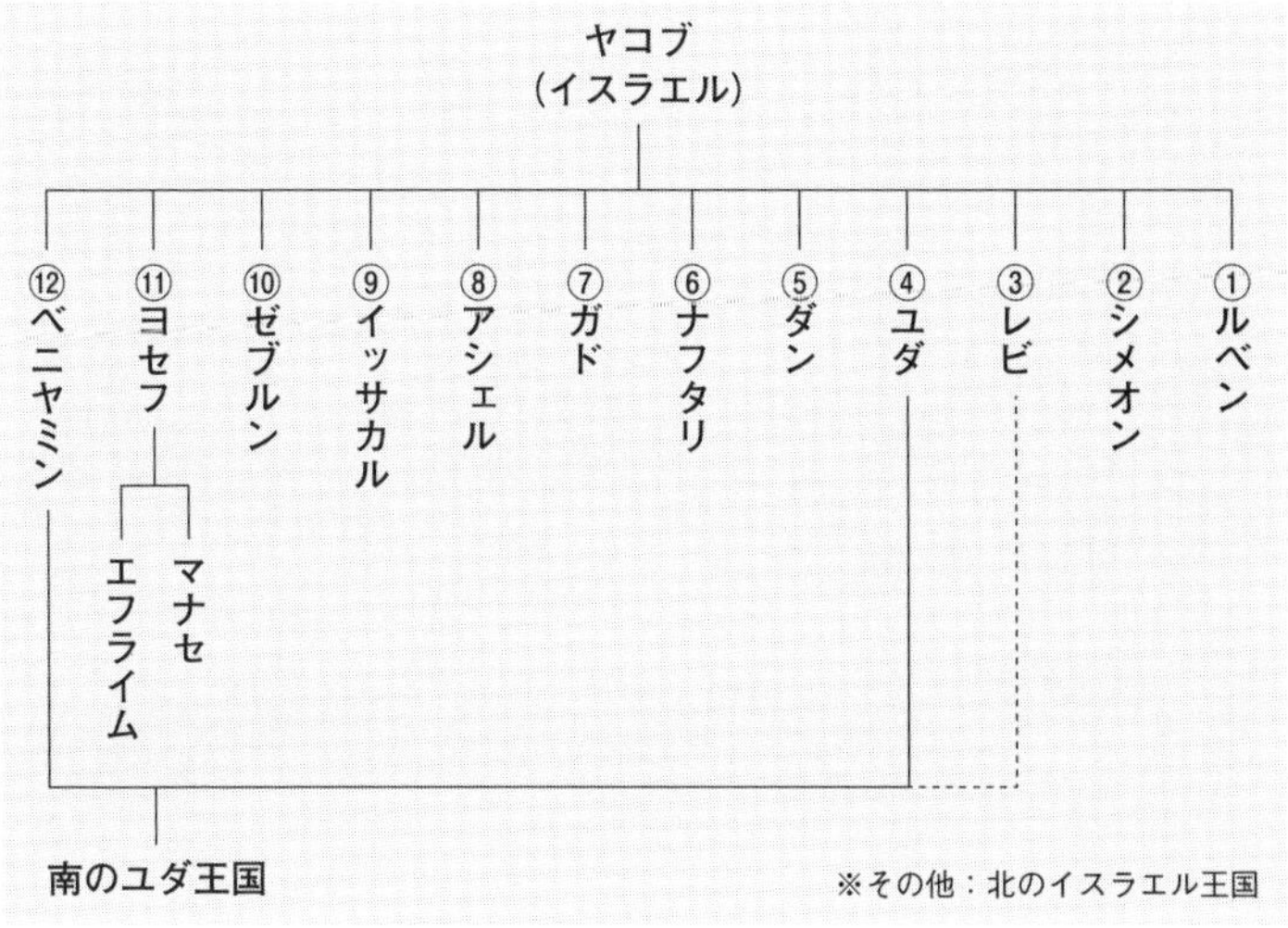

イスラエル12支族

にも反映されているのではないか、と思われます。

ユダヤ人の離散を「ディアスポラ」といいますが、歴史の中で何度もディアスポラが起きたことで彼らは世界中へ散らばっていきました。

ユダヤ人はもともと「イスラエル十二支族」という十二の支族（部族）で構成されており、統一国家を成していました。しかし紀元前十世紀に二支族による南のユダ王国と、十支族による北のイスラエル王国に分裂してしまいます。

そのうち北のイスラエル王国は紀元前七二二年、アッシリアの侵攻により滅亡してしまいます。そこに住んでいた十支族はその後、離散して、その行方がわかっていないのです。

この十支族を「失われた十支族」と呼びます。現在のイスラエルにはこの失われた十支族の行方を探索する機関「アミシャーブ」も存在します。彼らは日本にも来て、ここがその一つだと驚愕《きょうがく》して帰りましたが、その後はなぜか誰もやってきません。

一方、南のユダ王国も、紀元前五八六年に新バビロニアにより滅ぼされてしまいます。ユダヤ人の多くは新バビロニア王国に捕囚として連れ去られましたが、それから約五十年後に、イスラエルへの帰還が始まります。

しかし、ユダヤ人はその後もギリシャやローマの支配を受け、紀元七十年にはローマ帝国との戦いで大敗して離散します。その後も繰り返される争いで破れるたびに、ディアスポラが進行したのです。

ユダヤ人たちは東へ向かい日本にたどり着いた

ところで、日本は紀元前六六〇年に建国されたことになっています。紀元前七二二年に滅亡したイスラエル王国から離散した十支族の一部が日本にまで到達したとしたら、その日本建国の時期にちょうど重なります。

『旧約聖書』の「イザヤ書」第二十四章には日本を思わせる記述として、「それゆえ、東で主をあがめ、海沿いの国々でイスラエルの神、主の名をあがめよ。われわれは地の果から、さんびの歌を聞いた、『栄光は正しい者にある』と。しかし、わたしは言う、『わたしはやせ衰える、わたしはやせ衰える、わたしはわざわいだ。欺く者はあざむき、欺く者は、はなはだしくあざむく』」というくだりがあります。

これは、東へ向かい海沿いの国へ行き、イスラエルの神の名を崇めよということでしょう。日本を連想させる内容ですが、神は「わたしはやせ衰える」と嘆いてもいます。つまり、神を称えていても、それはイスラエルの神ではないということでしょう。

さらに、『旧約聖書』の「詩篇」第八十四章には「主なる神は日です、盾です」とあります。真の神は太陽であるという意味です。ユダヤ人の持つ太陽信仰の要素が反映された記述と見られますが、彼らに限らず、太陽への憧れや信仰は全人類に共通したものです。

だからこそ、六万年ほど前にアフリカ大陸を出立した人類は東へ東へと移動して散らばり、より太陽に近く、高い場所から太陽を見るために古代エジプト文明では巨大なピラミッドが造られました。

離散したユダヤ人たちも同様に、太陽が昇るところへ行こうという動機から、東へ東へと移動したはずです。その結果、ユーラシア大陸の東端まで達し、そこからさらに海を渡って日本にたどり着いたのです。

美豆良《みずら》（＝ペイオト）が示すユダヤ人移動ルート

状況証拠ばかりを挙げましたが、ユダヤ人が古くから日本にたどり着いていた物証もあります。千葉県や茨城県の他、全国で出土する武人埴輪と呼ばれる埴輪がそれです。それらの埴輪は非常に高い鼻を持ち、ひさし付きの帽子をかぶっています。耳元には美豆良《みずら》と呼ばれるびん（鬢）が垂れ下がり、あごひげも生やしています。ユダヤ人の伝統的な格好そのままの姿なので、私はこれを「ユダヤ人埴輪」と呼んでいます。

美豆良はユダヤ教徒の独自の髪型である「ペイオト」にそっくりです。ペイオトは耳の前の毛を伸ばしてカールさせたものであり、『旧約聖書』の「レビ記」には、「あなたがたのびんの毛を切ってはならない。ひげの両端をそこなってはならない」とあります。

ひさし付きの帽子をかぶり、耳元に美豆良を垂らした武人埴輪が千葉県や茨城県などで見つかるのは、東へ東へとユーラシア大陸を移動してきて日本に渡来したユダヤ人が、さらに本州を東へ向かった果てにたどり着いたのがその地であったからでしょう。

右は、芝山町立芝山古墳（千葉県）出土の人物（武人）埴輪（所蔵＝芝山仁王尊　観音教寺、展示＝芝山町立芝山古墳・はにわ博物館、写真提供＝日本国史学会　相澤真美）。左はユダヤ教徒の帽子と髪型（ペイオト）

ユダヤ人たちはユーラシア大陸を東へ東へと移動しながら、商人として交易路を拓いていきました。

その結果、形成された交易路が、ローマ帝国から海沿いに移動して日本に至る「海の道」です。もう一つが、イスタンブールから内陸部を通って敦煌や開封、朝鮮半島を経由して日本に至る「絹の道」すなわちシルクロードです。そして「絹の道」から現イラクのあたりで分岐して、中央アジアやモンゴルのステップ地帯を抜けて日本に至る「草原の道」などもあります。

彼らの移動ルート上には、美豆良（＝ペイオト）の慣習が残されています。例えばアフガニスタン南東部、カンダハール北西にあるムンディガク遺跡で発見された紀元前一五〇

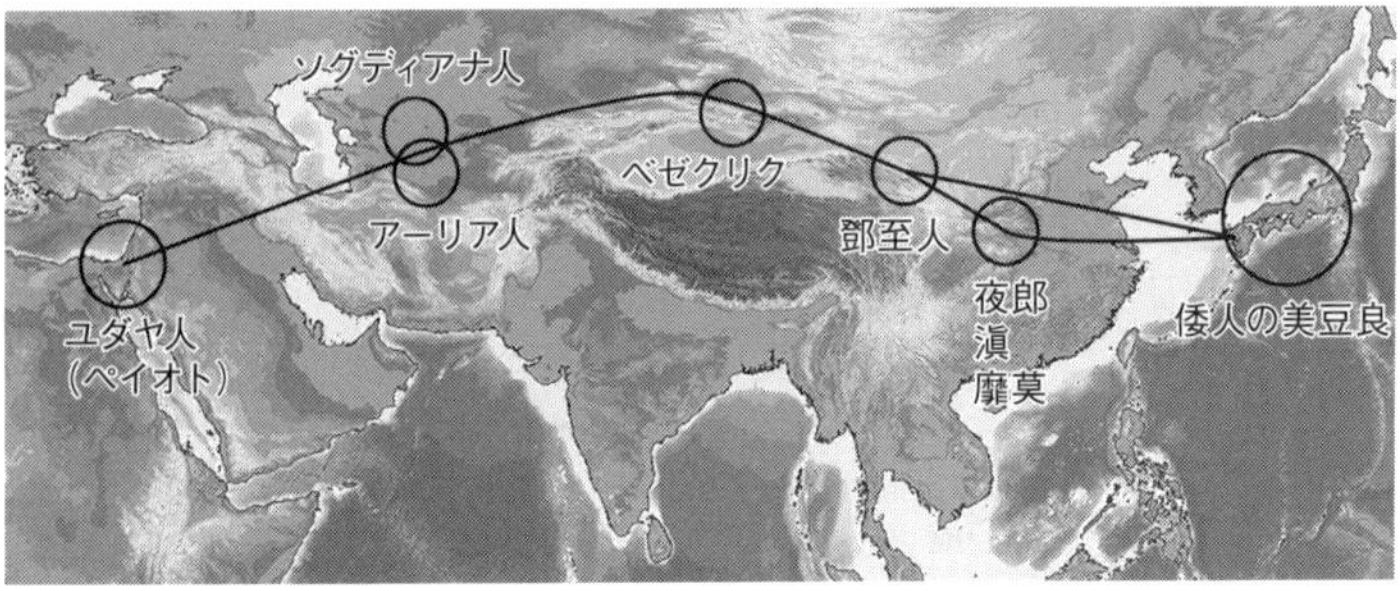

美豆良（ペイオト）の移動ルート

○年のものと見られる人物像には美豆良が確認できます。

さらに、そこから東方、現在の新疆《しんきょう》ウイグル自治区トルファン郊外には、六世紀頃の造営とされるベゼクリク石窟寺院があり、壁画にソグド人と思われる美豆良の人物が見られます。

また、中国南北朝時代の王朝・梁《りょう》が六世紀前半に残した「職貢図」には、美豆良姿の人物像が見られ、鄧至《とうし》からの使節と説明されています。鄧至は北方系の遊牧民族・羌《チャン》族による政権です。

その他中国では、一世紀の後漢で編纂された歴史書『漢書』に、夜郎、滇、靡莫といった諸民族の慣習として「頭髪を椎《つち》状に結う」と美豆良を思わせる髪型について記録されています。

これらは美豆良（＝ペイオト）の慣習を持つユダヤ人たちの移動ルートを示す強力な物証であると私は考えます。

この他にもユダヤ人の習俗はさまざまな形で残されており、例えば京都・八坂神社の大きな祭りである祇園祭の山車《だし》は、『旧約聖書』に登場するノアの方舟《はこぶね》をかたどったものだといわ

ノアの方舟（『方舟を出た後のノアによる感謝の祈り』ドメニコ・モレッリ）

れています。

そのように、各地の文化にユダヤ人の痕跡が残されている一方、そこにユダヤ人がいたこと自体はあまり記録されていません。

そこで、現在に生きる私たちは埴輪など残された文物を見ながら、フォルモロジー（形象学、「どんな形にも必ず意味がある」という観点から、真実を明らかにしていく考え方）を駆使して、ユダヤ人がいた痕跡を見出していくわけです。同様に、口伝や伝承にも、そうした痕跡を見出すことができると考えています。

「出雲口伝」は出雲神族の屈辱と怨念の歴史

さて、「出雲口伝」に話を戻しましょう。

「出雲口伝」は、出雲神族（出雲族）のオオクニヌシ

（大国主）の直系にして、出雲王朝四千年の歴史を引き継ぐ王族を称する子孫が代々受け継いできた口伝であり、その末裔である元サンケイ新聞（産経新聞）編集局次長の富當雄《とみまさお》氏が、文筆家の吉田大洋《たいよう》氏による取材を受けて、その内容を語ったものです。

本来は一子相伝のもので、他の人が読んではいけないそうですが、結果的に公になってしまいました。

吉田大洋氏の著書『新装版　謎の出雲帝国』（ヒカルランド）の冒頭では、十六歳の富當雄氏が初めて口伝を受けるときの緊張感ある様子が綴られています。少し長くなりますが引用してみましょう。

この年、彼は大分地方裁判所の判事だった父のもとを離れて、本家の富饒若《にぎわか》さんの養嗣子になった。そして迎えた最初の冬、12月下旬のひどく寒い夜であったという。

「當雄、風呂場で身を清めてきなさい」

養父が命じた。いったい、なにがはじまるのか？　尋ねようと思ったが、養父がいつになく厳しい形相になっているので、声も出ずに、風呂場へはいった。

全身を入念に洗い清めて、水をかぶってあがると、白い麻で織った衣服がそろえられていた。それは埴輪《はにわ》などで見たことのある古代服で、素肌にまとうと、麻のざらつく感触が、不意に彼の心を現世から引きはなすようだった。

養父に従って、ハダシで玄関へおりた。養母が祈りをこめる目で彼を見つめ、火打ち石を鋭く鳴らした。切り火で清められた彼と養父は、お供の下男がかかげる提灯《ちょうちん》のあかりをたよりに星も見えぬ藪《やぶ》の中の細い道をたどった。

出雲大社の東、宇伽《うが》山のふもとにある出雲井神社まで約15分、一言も口をきかず、ただ一心に足を速めた。出雲井神社は、竹藪の中にひっそりと忘れられたように建っている4メートル四方ほどの小さな社《やしろ》だ。だが、ここには富家の遠《とお》つ神祖《かむおや》、久那戸《くなと》大神が祀《まつ》られている。久那戸大神は、日本列島を産み出したもうた伊弉諾《いざなぎ》、伊弉冊《いざなみ》の大神の長男。つまり出雲王朝の始祖なのである。

社殿の階《きざはし》に、葦で編んだ敷きものがひろげてあった。中央には塩が盛られ、養父は左に、16才の彼は右に正座して相対した。下男は帰された。まっくらな闇の中に二人きり、簸川《ひかわ》平野をふきぬける寒風がごうーっと竹藪をゆすってゆく。彼はガチガチと奥歯を鳴らし、息をつめていた。

……と、父が口をきった。

「これから語ることは、わしが言うのではない。神祖さまがおっしゃるのだ。心して聞け。そして、しっかり覚えよ。いずれ、おまえが子に伝えるまで、たとえ兄弟たりとも他言無用。いのちにかけて、これを守れ！」

父の声は、日ごろのものとは一変して、現世ではない遠い世界からひびいてくるかのようだった。その声を耳にした瞬間、彼の震えはぴたりと止まった。全身が緊張で熱くなり、脳髄が研きあげられたかと思うほど澄みきった。

――日本列島に人間が住みついたのは1万年前か、6、7千年前か、考古学の上ではそれすらはっきりしない。だが、富當雄さんは、4千年前から口誦《こうしょう》伝承されてきた祖先の生きざまをこの夜から10年間にわたって、連続反復して、養父から聞かされたのだった。それは、神と人とが対話する形式で語られた。質問はゆるされない。疑問を抱くなどはもってのほか。養父の言葉を、そのまま一語も洩《も》らさず丸暗記するのである。

十六歳の富當雄氏がそれから十年間をかけて口伝された「出雲口伝」は、まさに出雲神族の屈辱と怨念の歴史です。吉田大洋氏の取材に応えるまで口外されることはなく、富當雄氏は後継者以外は肉親でも敵だと思ってきたそうです。

富當雄氏によると、簸川《ひかわ》郡富村には富家の先祖を祀った富神社があり、その紋章は亀甲の中に大根が二本交差した図柄となっていますが、もともとは大根ではなく矛《ほこ》が交差していたそうです。矛は王権の象徴であるため、平安時代にときの権力者に変えさせられたといいます。

また、平安時代から明治維新まで、家名が「富」になったり「向」になったりと合計十一回も変えさせられたそうです。これについて富當雄氏は、「敵の力が強いときは、向になるんです。情勢がよくなれば誇りをもって富に戻す機をうかがって、流れに逆らわずに生きる。これが出雲人なんですよ」と吉田大洋氏に説明しています。

さらに、先祖の中には毒殺された者が数名おり、数代前の当主は、迫害から身を守るために狂人のまねまでしたそうです。

出雲の王になった「クナトノ大神」はユダヤ人か

そうしたすさまじい背景を持つ「出雲口伝」を紹介した吉田大洋氏の著書では、出雲神族の渡来についてのくだりをこう紹介しています。

〈出雲神族の渡来〉

この世界が、一夜にして氷の山になった。大祖先であるクナトノ大神は、その難を避けるため一族を引き連れて移動を始めた。東の彼方から氷の山を越え、海ぞいに歩いた。そ

うして何代もかかって、ようやくたどりついたのが出雲の地であった。（今から四〇〇〇年も前のことである）

クナトとは道の分岐点のことであり、峠や村の境にあって敵の侵入を防ぐ神のことです。転じて、クナトとは「来てはならない奴」という意味になります。

つまり、帰ってくるなと言われた人たちということであり、国を追われて離散したユダヤ人の境遇に重なります。

これが今から四千年前ということですが、だいぶ大まかな経年表記だとすれば、『旧約聖書』の「申命記」の時期に一致する可能性があります。さらに「出雲口伝」を引用しましょう。

クナトノ大神は色々な知識を持ち、前からこの土地に住んでいた人々に鉄の取り方や布の織り方、農耕の方法などを教えた。糸は麻、綿、はたの木から作り、それをクリやシイの実で染めた。出雲人に戦いの歴史はなかった。人々は生活をよくしてあげることで、自然についてきた。クナトノ大神は王に推された。

クナトノ大神が渡来したユダヤ人たちだとすると、彼らは、鉄の技術や機織り、農耕の技術をもたらし、人々の暮らしを向上させたことで、高い地位に受け入れられたことがわかります。これはかねてより私が唱えている、「ユダヤ系秦氏は、日本に渡来して、機織りや土木技術などをもたらした」という説に驚くほど符合します。

秦氏とそっくりなクナトノ大神

秦氏でよく知られている人物といえば、六世紀後半から七世紀前半にかけて活躍した秦氏の頭領である秦河勝《はたのかわかつ》でしょう。河勝とは「川に勝つ」という意味で、氾濫《はんらん》する川を治水する土木工事を行い、周囲を農地にすることに関係する名前です。

当時の京都はまったくの湿地帯であり、鴨川や桂川などの川の氾濫により、ほとんどの土地がまともには使えませんでした。

その頃、京都の南部が「山背《やましろ》」と呼ばれたのはそのためです。「背」というのは奈良から見て山の後ろ側ということで、人が住めない土地だという意味が込められていたのです。

ところが第五十代・桓武天皇が延暦十三（七九四）年に平安京に遷都してから、「背」を「城」に変えて山城《やましろ》国となります。この平安京を作ったのが、第二十一代・雄略天皇から現在の京都・太秦《うずまさ》の土地を与えられた秦氏です。

太秦という地名は、秦氏の秦酒公《はたのさけのきみ》が朝廷に絹織物をうず高く積んで献上し、「禹豆麻佐《うずまさ》」の姓を賜ったことに由来するとされます。彼らは絹織物を生産する技術に長けていたのです。

そうした技術者集団ともいえる秦氏と同じような人々が古代の出雲にやってきて、クナトノ大神と呼ばれていたと「出雲口伝」は記します。「出雲口伝」によると、クナトノ大神は五十七代に渡って何人もいたそうですから、個人を指すものではなく、渡来した民族集団を表すものでしょう。

「出雲口伝」には、クナトノ大神が実はさまざまな名前で広く信仰されていたと説明されています。


〈クナトノ大神〉

クナトノ大神は、幸《さい》の神、塞《さえ》の神、道陸神《どうろくじん》とも呼ばれ、熊野大社、出雲井神社、道祖神社、幸《さきわい》神社などで祀られている。天孫族の東国征覇は、この神（実は出雲神族）の先導によって、ようやくなし得た。聖武から桓武まで各天皇はクナトノ大神の力を恐れ、平安京、長岡京、信楽《しがらき》京などではサイの大通りを作り、都の四隅に神社を建てて鎮魂の供養をした。「道饗祭《みちあえのまつり》」の祝詞《のりと》がそれを伝えている。

オオクニヌシ像（出雲大社）

道饗祭《みちあえのまつり》とは毎年六月と十二月の二回、都の四隅の道に、ヤチマタヒコノカミ（八衢比古神）、ヤチマタヒメノカミ（八衢比売神）、クナドノカミ（久那斗神）の三柱を祀り、都に災いをもたらす鬼などが入らぬよう守護を祈願する神事のことです。

『新装版　謎の出雲帝国』には取材を受けた富當雄氏自身の言葉として、「オオクニヌシは、古代出雲において重要な存在ではなかった。出雲大社が杵築《きつき》へ移ったのは霊亀二年（七一六）のことで、それまでは熊野にあり、クナトノ大神を祀っていた」という重大な証言が紹介されています。

現在オオクニヌシを祭神としている出雲大社はもともと、クナトノ大神を祀っていたというのです。

日本における秦氏の始まり

私の古代史関係の本をすでに何冊か読んでいる方は、秦氏がユダヤ人であるという説をよく知っていると思いますが、そうでない方は話が飛躍しているように感じられるかもしれません。そこで、秦氏＝ユダヤ人説について、改めてここでざっと説明しておきましょう。

すでに拙著『日本にやって来たユダヤ人の古代史』などを読まれた方は復習だと思ってお読みください。

離散して東方へ向かったユダヤ人の一部が、美豆良（＝ペイオト）の痕跡を各地に残したことは先に説明しました。

現在の新疆ウイグル自治区トルファン郊外のベゼクリク石窟寺院もそうした痕跡のある地でしたが、その西方のキルギスとカザフスタンにまたがった地域には、かつて「弓月国《ゆみつき》」というユダヤ人景教徒の国があったといわれます。

そして、秦氏はこの弓月国から日本までやってきたと思われます。

弓月国は離散したユダヤ人が造ったシルクロードの経由地でもありました。シルクロードの国にルーツがあるのなら、秦氏が絹織物の技術に長けていたのもうなずけます。

景教とはキリスト教ネストリウス派のことで、西暦四三一年のエフェソス公会議においてキリスト教における異端と認定されたため、迫害を逃れて東方へやってきたものです。

唐の時代の中国に七世紀頃に伝えられたときには「景教」と呼ばれ、「大秦寺」という名称で教会も造られています。また、日本では蘇我氏もまたネストリウス派のキリスト教徒だと考えられます。

秦氏の日本への渡来については『日本書紀』に、百済からの渡来人である弓月君《ゆづきのきみ》が一万八千人ほどを率いて日本に移住してきたと記されています。当時の第十五代・応神天皇は、新羅の妨害を受けて加羅《から》に足止めされている弓月の民を助けるため、西暦四一六年頃に朝鮮半島へ派兵しました。

応神天皇の助けにより日本に渡来した弓月の民はこの国に帰化し、第十六代・仁徳天皇の時代に「波多《はた》」という姓を賜って土地も与えられました。これが日本における秦氏の始まりです。

秦氏がユダヤ人であることを示す証拠

『日本書紀』には、秦氏は百済からやってきたと書かれていますが、平安時代に編纂された『新撰姓氏録』では秦氏のルーツを「漢」（現在でいう漢民族）に区分しています。つまり、より西方からやってきた人々だと認識されていたのです。

弓月国から朝鮮半島まで移動して、そこから日本に渡ってきたことを『日本書紀』が百済からやってきたと表現したのであれば、つじつまが合います。

そして、当の秦氏は秦の始皇帝の末裔であると自らを称していました。その真偽は不明ですが、秦の始皇帝の家系である嬴《えい》氏のルーツが西域の羌族であるとされている点は注目に値します。

またイスラエルの失われた十支族の行方を探索する機関「アミシャーブ」では、中国の四川省で今なお命脈を保ち続けている羌族を調査して、十支族の一つであるマナセ族の末裔であると認定しています。それが本当なら、羌族にルーツを持つ秦の始皇帝もまたユダヤ人であり、さらにその末裔を自称する秦氏もユダヤ人である可能性があるわけです。

秦氏がユダヤ人ではないかという説を最初に唱えたのが、明治から昭和にかけて景教の伝来に関する研究を行い、国際的にも知られた佐伯好郎《よしろう》という言語学者です。佐伯好郎は、弓月君の率いる弓月の民は中央アジアの「弓月国」からやってきたユダヤ人景教徒であるという説を主張しました。

その後の論文で、「景教徒」は「原始キリスト教徒」という表現に変わりましたが、秦氏をユダヤ人であるとする点は一貫しています。

この佐伯説は他の学者たちからは否定されましたが、先に紹介したようにユダヤ人の伝統的な装束そのままの姿をした武人埴輪が多数出土していることから、秦氏がユダヤ人であるという説には十分な信ぴょう性があるといえます。

秦氏は神道を受け入れ数々の神社を創建した

さらに、先にも触れたように、秦氏は第二十一代・雄略天皇の頃に京都の太秦を与えられています。太秦という土地が与えられたことで、各地に分散していた秦氏が集結して統率のとれた集団となったため、雄略天皇は養蚕業など秦氏の技術を重用して厚遇しました。『新撰姓氏録』には秦酒公が大蔵の長官に任命されたと記されています。

秦氏は平安京の建設にも深く貢献したとされます。桂川中流域、鴨川下流域も支配下に置きました。また、秦氏の頭領である秦河勝の屋敷跡に現在の皇居に相当する京都御所が建てられています。

この時代（五世紀）には伝統的なユダヤ人の姿をしたユダヤ人埴輪も多く作られています。これらは秦氏の活躍と関係するのかもしれません。

なお、景教徒であった秦氏は日本への渡来後、この地の自然信仰的な神道を受け入れました。秦氏は一神教を捨てたことを証明するかのように、一神教とは異なる日本の神社仏閣の建立に貢献したのです。

平安京やその周辺において伏見稲荷大社や八幡神社、松尾神社などを精力的に創建しています。さらに、秦氏系とされる賀茂氏により賀茂神社も創建されました。

秦氏は、一神教よりも、自然宗教の神道の方が日本の風土と伝統に合っている、と判断したのでしょう。秦氏はすっかり日本に同化したのです。

秦氏が創建した神社のうち、八幡神社では秦氏の渡来に当たり、第十五代・応神天皇が力を貸したことから、応神天皇と同一視される八幡神が祀られています。

八幡神は武士の守護神として、鎌倉時代には日本の主神の一柱《ひとはしら》となります。稲荷神社は、のちに農業の神だけでなく、産業全体の神となり、現在でも大いに信仰されています。八幡神社と稲荷神社の数は二つ合わせると、すべての神社数の半分以上を占めます。

秦氏は武士を後援しただけでなく、養蚕や農業を奨励し、土木技術など全般的な技術革新の原動力になったと考えられます。このように、秦氏が神社・仏閣の建立に協力したのは、もともと景教を奉じユダヤ人として、宗教に大変関心を抱いたからだと考えられます。

奈良の大仏を建てるときも、九州の宇佐八幡宮の一行が奈良に訪れ、この建立を支持しました。また女性の称徳天皇の時代、道鏡が天皇に取って代わろうとしたときに、和気清麻呂がやはり宇佐八幡宮から、「天の日継《ひつぎ》」は必ず「帝の氏」、つまり皇族から後継者を出さねばならない、と神託を受けました。

それは秦氏が、日本の皇室を守ることこそ大事であると信じ、そうなるよう願っていたからでしょう。秦氏はユダヤ人の伝統を忘れて、日本の風土・伝統に即した日本の宗教を選択してくれたことになります。

西洋を代表する一神教の信徒たちが、日本の神仏習合に帰依したことになります。それが日本人にふさわしい形だ、と彼らも考えたということでしょう。

秦氏は日本の農業の礎を築き、古墳を造った

一方、秦氏は農民などの協力で古墳を造営し、農民に対しては灌漑《かんがい》など農耕技術を指導しました。「畑」という言葉自体、秦氏が農業を振興したことに関係しています。

また、稲作自体が、狩猟や漁労、採取によって食料を得ていた日本に、秦氏が米を持ち込んだことで始まったと私は考えています。

稲作は中国や朝鮮半島から伝わったというのが通説ですが、それらの地は稲作向きではない寒冷な気候です。一方、中央アジアに発祥する秦氏の一部は、日本に渡来する前に東南アジアを経由して、そこで習得した稲作技術を日本にもたらしたものと思われます。

なお、秦氏の一部は三重県の伊勢や伊賀、奈良県の榛原《はいばら》あたりに桑を植えて養蚕を行いました。榛原の「榛」が木偏に秦と書くのはそのためでしょう。

そうした地の人々は呉服の民として絹糸や絹布を税として上納し、多くは服部姓を名乗りました。服部氏は俳人の服部嵐雪《らんせつ》・土芳《とほう》、儒学者の服部南郭《なんかく》、家康の伊賀越《いがごえ》を助けた服部半蔵など歴史上の重要人物を多く輩出しています。

日本列島には沖縄を除く各都道府県に、三世紀から六世紀までに造られた約十五万基の墳墓が残されています。最大のもので、墳丘の長さが五二五メートルを超える巨大な前円後方墳(仁徳天皇陵。教科書などでは前方後円墳と称しているが、円の部分が祭壇と考えたとき、円の側が前方に当たるという見方もできるので、あえて前円後方墳と記している)があり、小さなもので直径十メートルの小円墳も造られました。

天皇家から庶民の家まで、各々の首長の死に際し、鎮魂を込めて、日本人はこぞって大きなお墓を造ったのです。今のお墓と比べると、一番小さな十メートルのものでも巨大なものです。

こうした大規模なモニュメント文化を、世界的に知られているエジプトのピラミッドと比べてみましょう。エジプトでは、現在発見されているピラミッドは、大小合わせたった百十九基しかありません(二〇二一年の調査)。

日本のように十五万基以上もあるのと比べれば、なんと数が少ないのでしょう。日本には、千倍以上もあるのです。前方後円墳といわれる巨大な古墳の数だけでも、約五千もあるといわれますから、ピラミッドの四十倍以上も造られていたのです。

「でも、あの有名なクフ王のピラミッドとは規模が違うのでは?」と思われる方々も多いかと思います。しかしエジプト最大のこのピラミッドは底面積は五万二九〇〇平方メートルです。一方、日本最大の仁徳天皇陵の総面積は三四万五四八〇平方メートルもあるのです。つまり六倍以上です。

これは、中国で最初の統一国家を作った秦の始皇帝の墓よりも大きいのです。始皇帝の墓の底面積は一万五六〇〇平方メートルですから、それの三十倍もあるのです（田中英道責任編集『日本史の中の世界一』育鵬社）。

仁徳天皇陵の高さは三十五・八メートルで、ピラミッドの約三分の一です。しかし円と方形の幾何学的な形は、そこに形態的な意味があったことを感じさせます。円形部分が天で、方形部分が大地ということです。

人民に強制して造らせた、というマルクス主義的批判は誤り

何よりも、仁徳天皇陵のような巨大な墳墓が、天皇のために造られた御陵《ごりょう》であることが重要です。戦後の多くの歴史家たちは権威・権力批判の意識が強く、天皇の陵であることを認めない傾向が強いため、確証がない、という理由で、大山《だいせん》古墳とか大仙陵古墳などという別名がついています。

仁徳天皇陵の名は築造技術上の順序と天皇の順序が異なる、という理由によって否定されて

いるようですが、それもあいまいな理由にすぎません。いずれにしても記紀（『古事記』と『日本書紀』）に書かれている天皇陵であることは確かですから、その名前を冠すべきなのです。

神武天皇以来、皇祖霊信仰の高まりがあったことは間違いありません。私が強調したいのは、権力が人民に強制的に労働させて造らせた、などというマルクス主義的な批判は、実際には誤りであると言わなくてはならないということです。

近年の発見で、ピラミッドの建設が、ギリシャ人のヘロドトスが言ったように、奴隷に建造させたのではなく、ナイル河の氾濫する七月から九月にかけての余暇に、農民たちが協力して造ったものであることが判明しています。毎日、四千人の人々が建築に携わり、参加者は家族とともに暮らし、報酬も与えられ、パンやビールも配られたといいます。

三百万個の巨大な石灰岩が使われましたが、人々が協力し、困難さを乗り越える、ピラミッドに対するあつい信仰があったのです。それより巨大な仁徳天皇陵に関しても、工事に参加した人々が一日に三千人ほどで、延べ六八〇万人ほどが参加したと分析されています。

日数も十五年八ヶ月もかかったのです（大林組の試算）。文字も持たない時代に、想像もつかない方法で、建立されていったのです。

『日本書紀』には、仁徳天皇の宮城《きゅうじょう》を建てるに当たって「百姓は、みずから進んで、老人を助け、幼児を携えて、材料を運び、昼夜を問わず、力を尽くして競い造った。したがって、あまり日数がかからず、宮室がことごとく完成した。そこで今に至るまで、聖帝とたたえ申し上げるのです」（口語訳）と書かれています。力を尽くして競い造ったので、あまり日数がかからなかったというのです。

天皇陵と天皇の宮城を造営することは、同じ仕事ではないでしょう。しかし仁徳天皇のために、人々は深く敬愛の感情を持って建設したことには変わりありません。

かつてユダヤ人が住んでいたエジプトにあるギザの大ピラミッドは、一般的にはクフ王の墓とされています。しかし実はそうではなく、高い建造物を造り、太陽に近づこうとしたのではないか。

一方、日本の国土は、広大な平野が広がるエジプトとは違って多くの山があります。山に神が宿るという信仰もありますし、富士山に登ればご来光を拝むこともできます。

日本には多くの山があり、山に登れば太陽に近づくことができたので、日本に渡来したユダヤ人たちは、わざわざピラミッドを造営する必要がなかったのでしょう。その代わりに古墳を造営したと考えられます。

ユダヤ人渡来の五つの波

日本へのユダヤ人渡来には五つの波があった点も解説しておきましょう。

まず、第一波となったのが、紀元前十～十一世紀にエジプトの奴隷になっていたユダヤ人集団をモーセが導き、カナンの地（現在のイスラエルのあたり）へ約四十年かけて帰還した際のことです。そのとき、彼らの一部が東へ東へと移動して日本に到達しました。その中に、『古事記』や『日本書紀』で高天原の神として描かれるスサノオと呼ばれる人物もいたものと思われます。

第二波に当たるのは、紀元前七二二年にアッシリアにより滅ぼされたイスラエル王国の十支族の一部が、東へと移動してまっすぐに日本まで来たものです。このユダヤ人集団はニギハヤヒノミコトの大和進出、大和国家成立に貢献しました。ニギハヤヒは初代・神武天皇以前の大和の王です。

このユダヤ人渡来の第二波が、初代・神武天皇即位の年とされる紀元前六六〇年頃のことです。

続く第三波となったのは、秦の始皇帝の命を受けた方士・徐福《じょふく》が紀元前三世紀末から二世紀初めに、数千人の童男童女を引き連れて日本に渡来した際のものです。始皇帝がユダヤ人である可能性については先に述べましたが、実は徐福の家系である徐氏の始祖は始皇帝と同じく嬴氏であり、羌族にルーツがあったといわれます。つまり、徐福もまたユダヤ系である可能性が高いのです。

そして、第四波が、四世紀から五世紀初めにかけて、中央アジアの弓月国からユダヤ人グループが、弓月君の率いる弓月の民として渡来した流れです。

第五波は、西暦四三一年のエフェソス公会議において、キリスト教における異端とされたネストリウス派（景教徒）の集団が満州を経て朝鮮半島へ入り、新羅で迫害を受けた後に日本の天皇家に助けられて渡来したものと考えています。これがかつての有力氏族である蘇我氏です。

クナトノ大神はスサノオら三貴子の兄か

ここで、最初期に渡来したユダヤ人と見られるスサノオについて検証するため、記紀を紐解きましょう。記紀において国産みをしたとされる兄妹神、イザナギとイザナミから生まれた最初の子は蛭子《ひるこ》ですが、不具であったため葦舟に乗せて海に流してしまいました。そのため、子としては数えません。

そして、なぜ不具であったのか天の神に問うたところ、女性であるイザナミの方から誘ったのがよくないということで、やり直して日本の島々を産んだとされています。しかし、実際のところは、近親婚による弊害を自覚して、近親者以外とも結婚するようになったと考えるべきでしょう。

イザナギとイザナミは多くの神々を産んだとされますが、イザナミは火の神を産んだときにやけどを負い、死んで黄泉《よみ》の国に行ってしまいます。

イザナギはイザナミを取り戻そうと黄泉へ行きますが、見てはいけないという〝見るなの禁〟を破り、醜く変わり果てたイザナミの姿を恐れて地上へ逃げ帰ります。そして、黄泉の国と地上との境を大岩で塞ぎました。

その後、イザナギが黄泉国の穢《けが》れを落とすために禊《みそぎ》を行ったところ、次々と神が生まれます。最後に左目からアマテラス、右目からツクヨミ、鼻からスサノオが生まれます。三貴子と呼ばれる神々です。

イザナギが一人で多くの子を産んだというのは、実際には複数の女性との通い婚により多くの子をもうけたということでしょう。これもまた、近親者同士による兄弟婚をやめて、近親者以外とも自由な結婚をするようになったことを表すエピソードなのでしょう。

家系を同じくする相手との兄弟婚では、男系と女系の違いを考える必要はありませんでしたが、イザナギの子からは系譜を考える上でそこが重要になってきました。

さて、ここまでは記紀の記述ですが、「出雲口伝」ではクナトノ大神はイザナギ、イザナミの長男だと記されています。そうなると、蛭子がクナトノ大神ということになります。また、実は蛭子が三貴子とともに生まれたとする別伝もあります。

つまり、スサノオらの長兄である貴い神としてクナトノ大神を位置付けているのです。このことについてはこの章の最後で改めて触れましょう。

スサノオの騎馬民族的な蛮行

ところで、三貴子の中でも異質なのが、記紀で大変な乱暴者として描かれているスサノオです。スサノオが、父・イザナギから海を治めるよう命じられたときに、それに従わず長い間泣きわめいたため山は枯れ、川や海は干上がり、悪神が騒いで悪霊が一斉に生じたといいますが、この記述も実に異質さを感じさせます。

この異質さからも、スサノオのモデルになったのは原日本人ではないと思われます。スサノオは鼻から生まれたという『古事記』の記述や、アマテラスとツクヨミが高天原を治めるよう命じられたのに対し、スサノオは海を治めるよう命じられたという同書の記述もまた、スサノオの異質性を強調するものです。いずれも、原日本人ではないことを物語っているのだとすれば納得がいきます。

スサノオが鼻から生まれたという記述は、スサノオの鼻がユダヤ人のように大きかったことを象徴的に示しているのかもしれません。当時の日本人からすると、ユダヤ人の鼻はそれくらい大きな特徴であったはずです。

おそらく、スサノオはイザナギと渡来ユダヤ人の女性との間の子なのでしょう。

記紀では、高天原を奪いに来たと疑われたスサノオが身の潔白を証明するため、アマテラスとの間で誓約《うけい》を行います。これはある種の占いです。

誓約により疑いの晴れたスサノオは高天原に滞在しますが、馬の皮を生きたまま剥《は》いで部屋に投げ入れたり、田畑を破壊したりするなど大暴れします。いずれも騎馬民族的な蛮行です。

スサノオについては、これを中国や朝鮮半島から渡来した人物と考える方も多いのですが、その可能性は低いでしょう。中国や朝鮮にも農耕民は多く、彼らはスサノオが行ったような農耕に敵対する行為はできないはずです。

スサノオのそうした蛮行に怒ったアマテラスは天岩戸に隠れます。そして、スサノオは最終的に高天原を追放されました。

このスサノオは美豆良（＝ペイオト）を付けていたわけですから、まさにユダヤ人です。日本に渡来した最初期のユダヤ人と考えていいでしょう。

高天原は関東を中心とした氏族連合国家「日高見国」

高天原におけるスサノオの蛮行の内容は、神道の祝詞『大祓詞』に「天《あま》つ罪」として挙げられています。高天原で犯した罪ということです。

また、『大祓詞』には日高見国《ひたかみのくに》という言葉も登場しますが、実は日高見国こそが高天原のことであると私は考えています。

平安時代の『延喜式祝詞』を読むと、日本は「大倭日高見国」だと書かれています。つまり大和だけではなく、日高見国があったということです。また日高見国という言葉は『日本書紀』や『常陸国風土記』にも登場します。

日高見国は、類推すると、どうも関東・東北、つまり日本の東半分のことのようです。

茨城県の鹿島神宮や千葉県の香取神宮のそばに「高天原」という地名が三つ残っていますが、これも高天原（＝日高見国）の名残でしょう。『延喜式神名帳』には、伊勢神宮の他、鹿島神宮と香取神宮だけが「神宮」と表記されています。東国が高天原であったのなら、これも納得がいきます。

記紀における高天原の記述には、縄文・弥生時代の歴史が反映されているはずです。そして、縄文時代の遺跡や貝塚は圧倒的に東国（関東・東北・中部）に多いことからも、当時の日本の中心は東国の地にあったと思われます。それが高天原（＝日高見国）であったのでしょう。日高見国は土壌が肥沃《ひよく》で農耕に適した土地が広がっており、当時の日本の人口の九〇パーセント以上が居住していたと推定されます。

加えて、北海道の日高地方や、日高見川とも呼ばれる東北の北上川、埼玉県の日高山、奈良県の日高山、大阪府の日高山といった地名もまた日高見国の痕跡と考えられます。

こうした文献の記述と物証から、関東を中心とした氏族連合国家「日高見国」がかつて東日本に広がっていたことは確実でしょう。記紀において高天原と記されたその国を治めていた有力者たちは、日本人の祖先である神々として描かれたのです。

出雲系の天皇は存在したのか

スサノオが原日本人のイザナギと渡来したユダヤ人の母の間に生まれたのだとすれば、その女性は第一波の渡来ユダヤ人として日本にやってきたものと思われます。これが紀元前十～十一世紀頃のことでしょう。

しかし、「出雲口伝」のクナトノ大神は四千年前に来たとありますから、これまで私が第一波と考えていたものより、さらに過去にさかのぼる時期に渡来していたユダヤ人だった可能性があります。

「出雲口伝」には、スサノオ率いる集団が砂鉄を求めて朝鮮から侵略してきたと記されています。さらにその後、アメノヒボコ（天日槍）率いる集団も朝鮮から侵略してきたといいます。

記紀において、アメノヒボコは朝鮮半島の新羅の王子を自称していたとされます。一方、『日本書紀』では、アメノヒボコは日本への帰属を願い受け入れられたとあります。

日本に渡来した後の行動について、記紀と「出雲口伝」との間でかなり内容が異なります。

しかし歴史を記録した者の置かれた立場によって記述内容が違ってくるのはよくあることです。

アメノヒボコが率いるヒボコ族の侵攻について「出雲口伝」はこう伝えます。

〈ヒボコ族の渡来と抗争〉

ヒボコ族が朝鮮から渡来し、出雲に入ろうとしたが、これを撃退した。彼等は但馬に逃げ、首長のヒボコは豪族の娘と結婚した。やがて、彼等は若狭、近江を経て大和に行き、やはり朝鮮からやってきた人々（倭漢氏）と結んで安定した。

ヒボコ族は鉄が欲しいため、こんどは吉備を目指した。出雲人は播磨国の八千軍《やちぐさ》に防衛線をしいたが、突破された。伊予や淡路の百済人がヒボコ族に加勢したからである。彼等は吉備王国を築き、久米川から鉄をとり、陶器も焼いた。もう、弥生時代に入っていた。

力をつけたヒボコ族は天孫族と手を結び、物部を将として吉備から攻めてきた。彼等は逃げまどう女や子供までも殺した。出雲人が絶滅するのではないか、と思われるほどであった。天孫族は、クナト大社（熊野大社）に安置する宝石《たから》（勾玉）を奪っていった。我々は祭祀を停止した。人々は働かず、各地で反乱が起った。

困りはてた天孫族は、ヒボコ族を動かし「祭祀を復活して欲しい」と、頼みにきた。我々が言うことを聞かないので、ホヒ族が代行することになった。しかし、国々は乱れに乱れ、天孫族の間でも内乱が起きた。天孫族は伊勢にも攻め込み、王のイセツ彦はミナカタノトミノ命が勢力を張った信濃へと逃れた。ヒボコ族から天孫族の王の后が出た。名をオキナガタラシ姫といった。彼等はこれを無上の誇りとした。ヒボコ族の王は、天孫族から〝天〟の称号をもらった。

数百年が過ぎ、天孫族の間ではまた内乱が起きた。王や皇子もいなくなった。朝鮮から渡来した人々は困りはて、我々の首長（継体）に天皇となるよう懇願した。

ヒボコ族の壮絶な侵攻の様子もさることながら、最後の二行には極めて重大なことが書かれています。第二十六代・継体天皇は応神天皇の五世孫というのが通説ですが、実は出雲系の天皇であるというのです。

さらに、『新装版　謎の出雲帝国』にはこう書かれています。

天皇に選ばれたのが、古志方面の首長をしていたオホト（継体）である。五〇七年の即位式には出雲神族の三輪一族と鴨（加茂）一族が大きな力を発揮した。継体は即位したものの、河内～山背《やましろ》を転々とし、大和入りするまでは十九年間の年月をかけた。これには、わけがある。大和ではまだ戦乱が続いており、「彼等が自滅するのを待っていた」のだ。

（中略）

継体天皇は渡来系の人々によって殺された。国中はふたたび、暗黒となった。あちこちで反乱が起り、乱れに乱れた。諸豪族は、安閑天皇を、続いて宣化天皇を立てたが、国中は治まらず、遂には宣化までも誅殺してしまった。継体王朝は滅びた。

出雲神族が三代の天皇を務めたという話はにわかには信じられません。さすがに同書の著者の吉田大洋氏もこの部分を掲載することには躊躇したそうです。

ただし、出雲神族の立場で見た歴史という点で、記録しておく意味はあるはずです。少なくとも、ユダヤ系である出雲神族が国譲り後もその系譜が尊重され、朝廷からも一目置かれていたのは確かなのでしょう。

なお、「出雲口伝」にはヒボコ族と蘇我氏との関係についてもこう述べられています。

〈蘇我氏の抬頭〉

ヒボコ族は当初、朝鮮から渡来した蘇我氏と仲が良かったが、蘇我氏が天孫族にくい込んでからは対立した。これに中国の卜占を職とした中臣氏や、百済系の人々が入り乱れ、大化の改新や壬申の乱が起きるのである。

新羅にはローマ文化が浸透していた

ところで「出雲口伝」では、スサノオもアメノヒボコも朝鮮からやってきたと記していますが、その部分は間違いでしょう。どちらも元をたどればユダヤに行き着くはずです。

新羅は紀元前二世紀から西暦四世紀中頃までは「辰韓《しんかん》」、あるいは「秦韓」と呼ばれていました。ユダヤ人の可能性がある始皇帝が、中華を統一して作った秦を思わせる名称です。

また、中国の歴史書『魏志』の「韓伝」には、辰韓《しんかん》の言語が秦人に似ているとあります。ここから、中国は秦の末裔による国であることが推測されます。

この新羅については、ガラス工芸史の専門家である由水常雄《よしみずつねお》氏の『ローマ文化王国　新羅』（新潮社）という本に、新羅にはローマの文化があったと書かれている点が参考になります。その箇所を引用してみましょう。

古代新羅の日常什器が、中国文化の系譜に属していなかったことを示すもっとも典型的な事例が、把手付きカップや把手付き容器類の出土である。中国文化の中では、酒をはじ

新羅の古墳で出土したローマングラス（由水常雄著『ローマ文化王国 新羅』より引用）

め、スープなどの流動物を飲む器には、把手をつけないのが習慣であり、それが東洋古来の器の形式であった。しかし、ローマ文化の国々では、酒やスープなどを飲む器には、必ずといってもいいほどに、把手をつけることが不文律となっていた。

由水常雄氏はガラス工芸史の専門家ですから、『ローマ文化王国　新羅』では新羅の古墳で出土した多数のローマングラスも紹介しています。しかし、そうした希少品だけでなく日常的に使用する容器類に関しても、ローマ式のものを使っていたのであれば、新羅の社会全体にローマ文化が浸透していたことになります。

朝鮮半島といえば中国文化の影響が大きいと一般的には思われていますが、三国時代の新羅には中国の影響を受けた文物は少なかったとも書かれています。

これまで詳しくみてきたように、三国時代（三五六〜六七六）の新羅の四〜六世紀前半の古墳より出土している遺物は、ローマ世界から輸入されたり、ローマ文化の中で生み出されたデザインや技術・技法を新羅に導入して、新羅において独自に創り出されたものが、主要部分を占めていた。中国文化を反映させた遺物は、極めて少数しか出土していない。

このように、由水常雄氏は数々の物証を紹介した上で、「新羅はローマ文化の国だった」「ローマ文化を受け容れていたローマ文化国家」と結論づけています。

新羅にユダヤ人がいたのは明らか

由水常雄氏が紹介している事例からも、ローマの文物が新羅へ多数持ち込まれているのは確かでしょう。しかし、それらの文物を運んできたのはローマ人ではないはずです。

ローマ人はユーラシア大陸の東端まで旅することはありません。もちろん、朝鮮人がローマに行ったなどという話もありません。

シルクロードというと、両端のローマ人や中国人が行き来することを想像するかもしれませんが、実際には違います。シルクロードはユダヤ人の商人たちが拓いた通商路です。中国には絹があり、ローマにはないといった見聞から、彼らは商機を見出していったのです。

一方、ローマ人は中国に何があるのか知りません。知っているのは実際に行き来しているユダヤ人だけでした。

ローマ人が日本に渡来したとか、シュメール人が渡来したといった説もありますが、実際に動いていたのはユダヤ人であり、新羅にもそういうユダヤ人がたくさんいたものと思われます。

由水常雄氏の本の書名は『ローマ文化王国　新羅』なのでまだよいですが、新羅をローマ人の国と言ってしまうと、誤りになります。偶然にもローマの漢字表記は「羅馬」で新羅と同じ字がありますが、新羅にもローマ人ではなくユダヤ人がいたと考えるべきでしょう。

『ローマ文化王国　新羅』には、ローマだけではなくペルシャやギリシャなどの文物も新羅に多く伝わっていると書かれています。単に文物だけがもたらされたのではなく、それを作る技術もある程度伝わったようです。

> ただし、指輪をはじめ、耳飾りや首飾り、ブレスレットといった新羅出土の装身具を、南ロシアや黒海西岸地帯、あるいはイタリア本土で出土している装身具と比較してみると、明らかに、同一デザインでありながら、その細部がやや変形していたり、細線粒金細工という同一技法によって作られているにもかかわらず、その技巧が、やや稚拙であったことは否定できない。
>
> デザインの細部の変形や、技術の稚拙化は、明瞭に、原作と亜流との関係を示していることにほかならない現象であり、新羅に、装身具のデザインや技術が導入されていたことを意味している。つまり、物質それ自体の流入とともに、それらに関わるデザインや技術までもが導入されていたことを、実証しているのである。
>
> こうした実物としての遺物と、ソフトとしてのデザインや技術の導入は、新羅古墳出土のあらゆる出土品に共通してみられる現象であり、文化全般に及んでいたことが示されている。(傍点引用者)

ここに書かれているように、完全な技術が伝わったわけではないことから、技術者そのものを連れてきたのではないのでしょう。西方の技術に多少なりとも触れたユダヤ人商人が技術をもたらしたものと思われます。

新羅に美男美女がいた理由

以上のことから、新羅は実質的にユダヤ人の国であったと言っていいでしょう。そこで、そこから日本へ渡来、あるいは侵略してきたアメノヒボコもまた、ユダヤ人だったか、ユダヤ人と新羅人の混血であったことになります。

由水常雄氏は新羅に美女が多かったことにも注目しています。確かに、『日本書紀』にも、新羅王が神功皇后に対して美男美女を献上することを約束する場面が見られます。これについて、由水氏は前掲『ローマ文化王国　新羅』でこう推測しています。

> こうした新羅女性の美しさは、おそらく周辺諸国とは異なった文化を受け容れていた社会の中から生まれてきた美しさであったのではなかろうか。あるいはまた、異文化（ローマ文化）とともに新羅にやってきた異国人たちとの混血によって生れた美女たちも数多くいたことであろう。
>
> そして、彼女たちの身を飾った首飾りや耳飾り、ブレスレットや指輪など、中国文化の

中ではみられなかった美しい装身具の数々は、新羅女性を一段と美しくみせていたにちがいない。（傍点引用者）

ここでは「異国人たち」と表現されていますが、シルクロードをユーラシア大陸の東端まで旅してくるのはほとんどユダヤ人だけだったでしょう。当時の新羅では、東アジア人の容姿にユダヤ人の容姿が混ざることで、それまで見られなかった美しい容姿の男女が現れてきたものと思われます。そのため、新羅に美男美女が多かったのでしょう。

高天原系と出雲系と二つの国があった

さて、ここまで説明してきたように、出雲に鉄の技術や機織り、農耕の技術をもたらし、人々の暮らしを向上させた功績で王に推戴されたクナトノ大神は、渡来したユダヤ人であると考えて間違いないでしょう。『新装版　謎の出雲帝国』が紹介する「出雲口伝」の内容をさらに見てみましょう。

〈習俗と祭祀〉

首長は「カミ」と呼ばれた。毎年十月に、各国（各地）のカミが出雲に集まって、その年の収穫物の分配について話し合った。多い国は、少ない国に分け与えた。この時、我々は祖国をしのんで竜蛇（セグロウミヘビ）を祀るのが習わしであった。（これが、現在の神在月《かみありづき》につながる。各国のカミがいなくなるので、出雲以外では神無月《かんな》というのである）我々は祖国を高天原と呼ぶが、これは遠い海の彼方だと伝えている。

まず、首長を「カミ」と呼んだとありますが、ユダヤ人の話すヘブライ語で「カミ」は首長という意味です。さらに、「竜蛇」を「リュウジャ」と読めば、音の響きとしては「ユダヤ」と近い音になります。つまり、祖国をしのんで「ユダヤ」と同じ響きで呼ぶセグロウミヘビを祀ったのかもしれません。

また、神無月《かんなづき》（出雲では神在月《かみありづき》）のもとになったのが、各地の首長が出雲に集まり、その年の収穫物の分配について話し合ったことにあると説明されています。何ということはない記述に思えますが具体的です。事実を忠実に記したものと考えるべきでしょう。

そして、経済的なことを考え、話し合って分配するというところはユダヤ的な施策であるといえます。歴史上迫害されてきたユダヤ人たちは団結力を強め、経済的にも互いに助け合って生きてきたからです。

解釈上、注意が必要なのは、最後の「我々は祖国を高天原と呼ぶ」というくだりです。高天原については先に、東国にあった日高見国と同一のものであると述べました。もともと、日本には高天原系と出雲系という二つの国があったということです。

しかし、「出雲口伝」のこの箇所における高天原は「遠い海の彼方」とされています。また、クナトノ大神について、何代もかけて出雲にやってきたとありますから、どう考えても日本にある場所ではありません。

つまり、記紀に登場する「高天原」と、「出雲口伝」における「高天原」は、それぞれ指している場所が違うということでしょう。

天皇も出雲の王も勾玉を王権の証《あかし》とした

さらに「出雲口伝」の引用を続けましょう。

王が死にそうになると、後継者は会ってはならないものとされていた。死体は汚れたものとして忌《い》み嫌い、これを見たり、ふれたりすると相続権が奪われた。墓も、屋敷内に造ってはならないとされてきた。

王が他界すると、家人はツタで籠をあみ、これに死体を入れて、山の頂上の高い桧《ひのき》に吊るした。三年が過ぎると籠から下し、白骨を洗って山の大きな岩の近くに埋めた。山は我々の祖先の霊が眠るところである。高貴な人の婦人や子供が死ぬと、石棺に入れ、再生を願って宍道湖《しんじこ》に沈めた。

まず、死体が穢《けが》れであるというのは、古今東西でよく見られる概念です。一度埋葬された遺骨を白骨化した頃に掘り出し、きれいに洗い清めた後、再度埋葬する習慣を洗骨といいますが、洗骨は主に沖縄諸島や奄美諸島で行われていました。しかしこの記述を見ると、出雲地方でも行われていたようです。ただ、石棺を湖（ここでは宍道湖）に沈めるというのは、この地方の独自の習慣ではないかと思います。

一方、ここで注目したいのは、「白骨を洗って山の大きな岩の近くに埋めた。山は我々の祖先の霊が眠るところ」というくだりです。これは、土を高く盛り上げて作った有力者の墓である古墳の考え方と一致します。

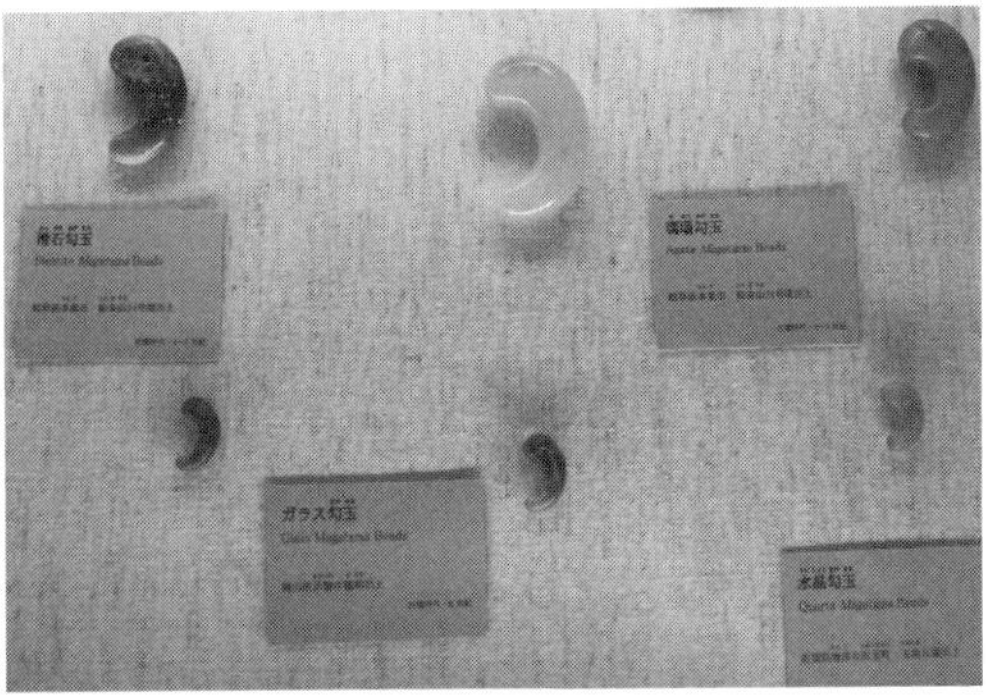

古墳時代の勾玉（東京国立博物館蔵）

前方後円墳の円の部分が小さな山になっていて、そこに遺体を納めてあるのも同じことです。祖先の霊が眠る山に葬るという思想において共通しています。

また勾玉《まがたま》についての記述もあります。

勾玉は祖先の幸魂《さちみたま》、和魂《にぎみたま》、奇魂《くしみたま》、荒魂《あらみたま》を表わし、王家のみがつけることを許された。

勾玉は日本で一万年以上前から作られており、三種の神器の一つも八尺瓊勾玉《やさかにのまがたま》という勾玉です。八尺瓊勾玉は三種の神器の中で最も重要なものであり、現在、皇居の宮中三殿には唯一これだけが置かれています。まさに天皇の印《しるし》なのです。

出雲神族は、魂が具現化したものとして、勾玉を「宝石《たから》」と呼んだそうです。さらに、『新装版　謎の出雲帝国』によると、これをつけることのできる王家を「財筋《たからすじ》」と称したといいます。

『新装版　謎の出雲帝国』によると、取材時点で出雲には十二軒の「財筋」が残っていたとされています。天皇と同様、勾玉を持つことが王家の証《あかし》とされたことは大変に興味深い点でしょう。

出雲は東国の高天原（＝日高見国）と接して初めて勾玉を知ったのではないか。勾玉は近畿地方や九州で多く出土していますが、関東や東北でも多く出土しています。

スサノオは侵略するつもりで出雲に来たか

記紀では、高天原を追放されて出雲へ向かったスサノオが、八岐大蛇《ヤマタノオロチ》を退治し、この地に住むようになったとあります。しかし前述の通り、「出雲口伝」はスサノオが率いる集団が砂鉄を求めて朝鮮から侵略してきたと伝えます。その部分を見てみましょう。

スサノオが砂鉄を奪うために、朝鮮から馬を連れて、須佐の港へやってきた。ヒイ川の古志人が暴れ、テナヅチ、アシナヅチが助けを求めたので、スサノオがこれを制圧した。彼は次第に増長し、出雲をわがもの顔で歩いた。スサノオはテナヅチの娘と結婚した。

八岐大蛇を退治するスサノオ（歌川國輝画の大判錦絵「本朝英雄傳」より）

記紀の記述と異なるのは、スサノオは最初から侵略するつもりでやってきたということです。それに、出雲の部族間抗争に手を貸したことにより、この地で権力を得たという点です。

　神話や歴史書はそれを著した者の立場を少なからず反映しているので、立場によって記述内容が異なるのは当然です。こうしたところをどう受け取るかが、歴史研究のポイントとなります。

「出雲口伝」においてクナトノ大神がイザナギ、イザナミの長子であり、スサノオの長兄ということになっているのは、日本に最も早く入ってきたユダヤ人である出雲神族としての矜持を示したものかもしれません。

なお、出雲には『出雲国風土記《いずものくにふどき》』という古伝説や伝承などを記した書物もあり、そこには「国引き神話」という話が出てきます。

これは、出雲の創造神が国土を広げるために、新羅、狭田《さだ》の国、闇見《くらみ》の国、高志《こし》の国の土地の一部を引っ張ってきて、出雲の国にくっつけたという話です。

島根半島の形を説明する神話的なエピソードであり、事実をそのまま書いたものではないでしょうが、ここに挙げられている地名は古代の出雲と関係が深いと考えるべきでしょう。

また、ここにもユダヤ人の国であった新羅が登場することは注目に値します。

記紀よりも、むしろこうした口伝や各地の伝承の方にユダヤ人を思わせる存在が登場するというのは大変興味深いところです。

次の第2章では、ユダヤ人の影響を色濃く継承した出雲神族が、神武天皇の軍勢に敗れて全国に散り、特に諏訪の地を新たな拠点にしたことについて述べていきましょう。

第2章

諏訪の地で躍動する
ユダヤ系秦氏

天孫降臨とは鹿島から鹿児島への船団による移動だった

「出雲口伝」は、ホヒ族と天孫族の侵攻についても記しています。

天孫族とは天孫降臨（高天原から地上への天降《くだ》り）の後に大和に王権を確立した一族とされ、ここから初代・神武天皇が現れました。

ただし私の解釈では、天孫降臨とは日本列島の寒冷化に対応するため、関東の高天原（＝日高見国）の人々が九州へ移住したことを指します。決して天上の世界から地上へ降りてきたわけではありません。現在の茨城県・鹿島から鹿児島へと、船団によって多くの人々が移動したのです。

この天孫降臨は、日高見国から大和朝廷に至る歴史を語る上で重要なポイントとなります。なぜ重要かというと、もともと関東や東北にいた日高見国の天孫族と、渡来系ユダヤ人という二つの系統が出会った場所の一つが鹿児島神宮の地であるからです。

なお余談ですが、私は鹿児島神宮の宮司の家系に連なる一人です。

鹿児島神宮は鹿島からやってきた天孫族の船団が上陸して地盤を作った地であり、そこから

鹿児島神宮社殿（国の重要文化財）

三代目の神武天皇が東征をして大和朝廷を樹立しました。

鹿児島神宮の由緒書には、この神社の祭神であり神武天皇の祖父に当たる山幸彦《やまさちひこ》（彦火火出見尊《ひこほほでみのみこと》）には「天津日高彦《あまつひこひこ》穂穂手見命《ほほでみのみこと》」という別名があると書かれています。ここに「日高」が入っていることからわかるように、山幸彦は明らかに日高見国の系統でしょう。

山幸彦といえば海幸彦と山幸彦の神話が有名です。海幸彦はユダヤ系渡来人である隼人《はやと》族の祖先であり、神話では海幸彦が日高見国から来た天孫族の山幸彦に従ったことが描かれています。

「出雲口伝」の内容を裏付ける青柴垣神事

一方のホヒ族は、記紀ではアメノホヒ（天穂日）という名の神として登場します。このホヒ族は、天孫族に従属する隼人族かもしれません。

アメノホヒは、高天原から出雲のオオクニヌシのもとへ遣わされ、出雲の国土を天孫族に明け渡す「国譲り」の交渉に当たったというのが記紀の記述です。

ところが、アメノホヒはオオクニヌシに心服して出雲に住み着いてしまいます。そのまま三年間も高天原に戻らず、国譲りの後はオオクニヌシに仕えたと記紀には記されています。

では、国譲りはどうなったのかというと、『古事記』では高天原から派遣されたタケミカヅチ（建御雷）が出雲の伊耶佐小浜《いざさのおはま》に降り立ち、オオクニヌシとその談判を行ったとされます。

高天原からの要求についてオオクニヌシが子に相談したところ、コトシロヌシ（事代主）は服従することを提案しました。しかしタケミナカタ（建御名方）はタケミカヅチに力比べを挑みました。それでも、結果的には降伏し、国譲りが成ったと『古事記』には記されています。

このように、記紀では、アメノホヒの性格や国譲りの様子が穏当なものとして描かれています。ところが、「出雲口伝」が伝える話はまったく違います。『新装版　謎の出雲帝国』から引用しましょう。

〈ホヒ族の侵攻〉

天孫族が、九州から船で攻めてきた。その前にやってきて、王の娘と結婚していたホヒが手引きしたのである。稲佐浜で戦ったが、一敗地にまみれた。オオクニヌシはコトシロヌシに、「これ以上、出雲人が殺されるのを見るのはしのびない。国（王位）を天孫族にゆずろうと思うがどうだろうか」と相談した。

「私は反対ですが、お父さんがそうおっしゃるのなら従いましょう」

コトシロヌシはこう答えると、天孫族への呪《のろ》いの言葉を残し、敵将の前で海に飛び込み自殺した。オオクニヌシは、ウサギ峠のほら穴に閉じ込められて殺された。

オオクニヌシがコトシロヌシに相談したところ、コトシロヌシは天孫族への呪いの言葉を吐き、海に飛び込み自殺した、オオクニヌシはほら穴に閉じ込められて殺されたというのですから、出雲側から見た歴史では、国譲りはまったく穏当なものではありません。

記紀では、オオクニヌシが出雲を高天原の天津神に差し出す代わりに、天津神の御子が住むものと同じくらい大きな宮殿を建ててほしいと願い出て、その通りに宮殿が建てられたという話になっています。それがのちの出雲大社であるというのですが、「出雲口伝」ではオオクニヌシはみじめに殺されてしまっています。

また、コトシロヌシが海に飛び込んで自殺する様子は、島根県松江市にある美保神社の青柴《あおふし》垣《がき》の神事で再現されています。

青柴垣神事とは、美保神社で毎年四月七日に行われる神事です。美保神社の祭神であるコトシロヌシがオオクニヌシから国譲りの相談を受け、国譲りをすると決定した後、自ら海中に青い柴垣を作ってお隠れになったという故事にちなみます。

青柴垣神事の一年前に当屋《とうや》を決め、一年間精進潔斎《しょうじんけっさい》をした後、当屋は祭礼前日から美保神社の隠殿にこもって物忌《ものいみ》潔斎に入り断食します。神がかった状態で、当屋行事にのぞみます。この当屋夫婦を、青柴垣を飾った二隻の船に乗せ、港内を一周し、その後美保神社に参拝、奉幣するという行事です。

青柴垣神事（写真提供＝松江観光協会）

神事では、コトシロヌシが自ら海中に青い柴垣を作ってお隠れになったという故事を再現しますが、これはまさに、「出雲口伝」にある、コトシロヌシが海に飛び込み自殺したという記述と一致します。

「出雲口伝」を継承し公開した富當雄氏は、インタビュアーの吉田大洋氏に対して唇を震わせながら、「青柴垣の神事は、天孫族への恨みを決して忘れないぞという、出雲人の無念さを表すものなのだ、屈辱の神事でもある。観光客に見せるようなものではない」と語ったそうです。

こうした神事が地元に残っていていて今も行われていること

から、「出雲口伝」で描かれているようなことがあったのではないか。記紀の描写はその話を穏当なものに変えたのではないかと思われます。

神武天皇を先導した八咫烏はユダヤ系

天孫族を手引きしたというホヒ族は、天孫族の一つである隼人かもしれません。

「出雲口伝」によると、出雲を占領したホヒ族はさらに大和へ侵攻し、そこにいた出雲神族も降《くだ》したそうです。その地での戦いは出雲での戦いよりもさらに激しいものでした。

「出雲口伝」は当時、出雲王朝は北九州から新潟に至る地域を領有しており、大和や紀伊も出雲の分国であったといいます。

その後、出雲神族とホヒ族の関係は次第に回復していったそうですが、今度は神武が九州から侵攻してきます。「出雲口伝」には「その上、我々が『カラの子』と呼んでいた、朝鮮からの渡来人ヤタガラスが神武の味方についた」と記されています。そして、こう続きます。

彼等は和解すると見せかけては、次々と出雲人を殺していった。まことに陰険であり、残酷であった。王のトミノナガスネ彦は傷つき、大和を神武にゆずって、出雲へしりぞいた。王は出雲で亡くなった。神武は橿原で即位し、大和の王となった。

朝鮮からの渡来人と書かれているヤタガラス（八咫烏）は、記紀では次のように描かれています。すなわち、初代・神武天皇が大和に入りナガスネヒコ（長髄彦）の強固な抵抗を受けていた際に、橿原《かしはら》まで先導した存在とされているのです。

私はこうした先導者は渡来したユダヤ人、あるいはその血を引くユダヤ系の人であろうと考えています。

天孫降臨、つまり茨城県・鹿島から鹿児島への大移動の際、それを先導したとされるサルタヒコもユダヤ系でしょう。長い鼻と二メートルを超える長身を持つとされ、目が八咫鏡《やたのかがみ》のようであったというのですから、明らかに日本人の容姿ではありません。

因幡の白ウサギの話からわかるオオクニヌシの出自

天孫族の侵攻で殺されたオオクニヌシもまたユダヤ系だったと考えられます。

オオクニヌシは、『古事記』ではスサノオの六代後の子孫とされ、『日本書紀』ではスサノオの子とされます。しかし、『出雲国風土記』ではスサノオとオオクニヌシに血のつながりはなく、「出雲口伝」ではスサノオは出雲への侵略者とされています。

このように、オオクニヌシとスサノオの関係については、記紀の記述と出雲の伝承との間でかなり内容が異なります。

ただし、『古事記』には、スサノオの娘であるスセリビメとの結婚を望むオオクニヌシに対し、スサノオが数々の試練を与える場面があります。この部分だけを読むと、オオクニヌシはスサノオの子孫ではないように思えます。

白兎海岸そばの大国主と因幡の白兎の像（鳥取市）

ところで、オオクニヌシといえばよく知られているのが、『古事記』にある因幡の白ウサギの話でしょう。淤岐島《おきのしま》から稲羽《いなば》に渡ろうとした稲羽之素菟《いなばのしろうさぎ》が、和邇《ワニ》を並べてその背を渡ったところ、その和邇に毛皮を剥ぎ取られます。そして、泣いていたところをオオクニヌシに助けられるという話です。

ここに登場する「和邇」とはワニザメのことであるというのが定説です。しかし、十世紀に編纂された辞書

『和名類聚抄《わみょうるいじゅしょう》』には、ワニには四つの足があると書かれており、ワニとは別にサメについての記述があります。つまり、ワニとサメは明確に分類されているのです。

そのことから、因幡の白ウサギの「和邇」とは現在の私たちが知るワニであると思われます。この話自体はフィクションだとしても、ウサギがその背を渡ったという表現は、サメではなくワニでなければ出てこないはずです。

では、野生のワニが存在しない日本で、なぜワニが登場する話が生まれたのか。いや、ワニが登場する話が生まれたことこそが、オオクニヌシが原日本人でないことの証といえるでしょう。つまり、オオクニヌシはワニの存在が知られている地域からやってきたということです。

ワニの生息地で生まれたわけではなくとも、ユーラシア大陸を横断してきたユダヤ人であれば、ワニの存在を知っていてもおかしくありません。

また、古代の杵築《きづき》大社（今の出雲大社）はオオクニヌシが建てさせたといわれています。現代のものとは違い、その本殿は高さ四十八メートルもの高さであったと伝えられます。この高さについて、境内から巨大な柱が出土したことで史実であった可能性が高いとされています。

これほどの高さの巨大建造物を建てるという発想も実にユダヤ的です。エジプトで大ピラミッドを間近に見たユダヤ人たちは、自分たちの国を持ったときにソロモン神殿を建てました。オオクニヌシは出雲でも同じことをやったのでしょう。

このように、記紀だけでなく口伝や伝承を見ていくと、渡来したユダヤ人たちが出雲を中心とした広い範囲に一大文化圏を築いていたことがわかります。それを高天原系の原日本人の政権が何らかの手段で継承し、大和を中心として、天皇を首長にいただく国作りが始まったのでしょう。

タケミナカタは諏訪に「第二出雲王朝」を築いた

ここで、『古事記』における国譲りの記述に話を戻します。

オオクニヌシの息子・タケミナカタは、高天原から派遣されたタケミカヅチと力比べをして、負けてしまいます。逃げ出したタケミナカタは、長野県の諏訪湖にたどり着きます。それから国譲りを了承し、諏訪の地から出ないと誓ったことで許されました。

こうした国譲りにおけるタケミナカタの動向について、「出雲口伝」では次のように伝えています。

ミナカタノトミノ命はゲリラ戦を展開しながら越に後退し、のちに信濃を平定して第二出雲王朝を築いた。

「ゲリラ戦」など現代の言葉に置き換えてある箇所もありますが、要は『古事記』の言う力比べとは、散発的な戦闘による一進一退の状況を表したものでしょう。タケミナカタが率いる出雲神族の一行は「越（＝新潟）」を経由して最終的に信濃の諏訪へ逃げ込み、そこを支配下に置いたのです。

『古事記』と「出雲口伝」のどちらが正しいかという問題については、両方正しいと考えることもできます。つまり、土地の記憶と、国としての記憶は、それぞれ別の側面をとらえているのでしょう。

例えば、クナトノ大神という存在は出雲という土地の記憶であって、記紀には登場しません。しかし、それを出雲の人が信じている限り、この記憶の重要性が薄れることはないのです。現代に生きる私たちはそうしたところから、歴史の真実をくみ取ることができます。

クナトノ大神がユダヤ人であると当時はわからなかったので、「出雲口伝」にははっきりそう書かれているわけではありません。しかし、その記述を紐解いていくと、ユダヤ人たちが渡来して日本に同化していった事実が見えてきます。

記紀やその他の史書についても同じで、これまで解釈が混乱して論争になっていた点も、古代の日本にユダヤ人が渡来していたという前提で考えると、すんなり読み解けることも多いのです。これまでの歴史家にはその観点がなかったから、うまく解釈できなかったのです。

長野に船の祭りが多い理由

ところで、新潟（＝越）から長野（＝信濃）の諏訪へと向かう道の途中にある安曇《あづみ》には、盛大な船の祭りがあります（穂高《ほたか》神社で、毎年九月二十六日、二十七日に行われる御船《おふね》祭り）。また、長野県松本市にも船の祭りがあります（毎年五月四、五日に行われる須々岐《すすき》水《がわ》神社のお船祭り）。

海のない長野県に船の祭りがたくさんあるのは、タケミナカタ一行がまず新潟へ行き、信濃川－千曲川を使って船で諏訪までたどり着いたことを表しているでしょう。そう考えれば納得できます。

ここで注目したいのは「ミナカタノトミノ命」という表記に、口伝を継承する富當雄氏の「トミ」の字が含まれていることです。

「トミ」は「出雲口伝」だけの表記ではなく、『日本書紀』以外の国史にも、ミナカタトミノ

穂高神社の神船「穂高丸」

カミ（南方刀美神）、タケミナカタトミノミコト（建御名方富命）などの表記が見られます。これらの神々は、富氏と何らかの関係があるのかもしれません。

なお、『日本書紀』にはタケミナカタは登場しません。そのことから創作された存在である可能性もゼロではありませんが、諏訪の地へ行くと、タケミナカタは実際に存在していたことが確信できます。『日本書紀』以外の国史への記載もそれを裏付けるものと考えていいでしょう。

タケミナカタは諏訪大社の祭神として祀られていることから「諏訪神」とも呼ばれます。タケミナカタの諏訪入りの際には土着の洩矢《もりや》神が最初抵抗し、のちに服従したとされています。つまり、この地にもともと住んでいた有力な氏族と、タケミナカタ一行との間で当初は対立があり、それが神話の形で伝承されているのでしょう。

諏訪大社では、最高位の神官である大祝《おおほうり》を、タケミナカタの後裔《こうえい》とされる諏訪氏（神氏《みわ》）が務めています。そして次席に当たる神長《かんのおさ》を務めるのは、洩矢神の後裔とされる守矢氏です。

明治維新後には神職の世襲制が廃止され、こうした階位は撤廃されました。この階位も古代の出来事を反映したものといえます。

「藤原氏は帰化人」をどう解釈するか

『新装版　謎の出雲帝国』の吉田大洋氏は諏訪大社の造りにも注目し、出雲とのつながりの深さを指摘します。

　ミナカタを祀る上つ社は、拝殿と幣殿だけで本殿を持たない。後方の神聖林が本殿に相当する。この形態は、オオモノヌシを祀る大和の大神《おおみわ》神社とまったく同じだ。この神は出雲系以外のなにものでもない。

ここにいう「神聖林」とは御神体《ごしんたい》となっている山のことです。また、オオモノヌシはオオクニヌシと同一視されている神です。

一方、『古事記』でタケミナカタを降《くだ》したとされるタケミカヅチが「出雲口伝」には登場しないことについて、「出雲口伝」では次のような見解を述べています。

記紀によると、ミナカタはタケミカヅチに追われて諏訪湖に至り、そこで降伏したことになっている。ところが、富家の伝承にミカヅチは登場しないのだ。なぜだろうか。それは、鹿島神は当時、存在していなかったからである。

「鹿島神」とは、鹿島神宮の祭神であるタケミカヅチのことです。つまり、タケミカヅチとは後世に後付けで創作された神であるというのです。

タケミカヅチは、藤原氏の守護神として奈良の春日神社にも祀られています。そこには藤原氏の祖神であるアメノコヤネ（天児屋根）も祀られています。

このアメノコヤネについて吉田大洋氏は、島根県松江市の神魂《かもす》神社の社家・秋上氏の「天ノホヒの祖神は天ノコヤネである」という言葉を紹介しています。

アメノホヒは、「出雲口伝」にある天孫族による出雲侵攻を手引きしたホヒ族と同一と思われます。そこで出雲側の見方では、出雲王朝終焉のきっかけを作ったのは、「天ノホヒ＝アメノコヤネ」を祖神とする藤原氏ということになります。

さらに、「出雲口伝」を伝承する富當雄氏は、タケミカヅチの姿には神武天皇の投影が感じられるとした上で、インタビュアーの吉田大洋氏に次のように語ったとされます。

神魂神社本殿（国宝）

「藤原氏は帰化人だ、とわが家の伝承にある。彼らは氏素姓《うじ》を高めるために、どうしても天つ神の系譜が欲しかったのだろう。そこで、最初は天ノコヤネノ命を祖神だとし、次にタケミカヅチをかつぎ出したのだ」と、富氏は言う。

これは大変興味深い話です。つまり、タケミカヅチを守護神と見なす藤原氏は帰化人であり、高天原の天津神、すなわち原日本人の有力者ではないと言っているわけです。藤原氏は日本の主流ではないと主張しているのです。

しかし、それをいうなら、「出雲口伝」にも初代のクナトノ大神は何代もかけてはるか彼方からやってきたと記されているのですから、クナトノ大神も明らかに渡来人でしょう。

富當雄氏によるこうした証言は歴史の真実を知るヒントにはなるとしても、あくまで出雲側からの主張であることは念頭に置いて解釈すべきでしょう。

出雲側からすれば、ホヒ一族の末裔である藤原氏は宿敵であるため、その権威を認めるわけにはいかない、という心情も働いているのでしょう。

「出雲口伝」は矛盾を含んだ史料として扱うべき

藤原氏の氏神を祀る春日大社の主祭神は四柱あり、第一殿には鹿島神宮の祭神であるタケミカヅチが祀られています。第二殿には香取神宮の祭神であるフツヌシ（経津主）が、第三殿にはアメノコヤネが、第四殿にはアメノコヤネの妻であるヒメ（比売）神が祀られています。

フツヌシとは、『日本書紀』の国譲りにおいてタケミカヅチとともに出雲へ遣わされたとされる神です。

ここで注目すべきは、祖神であるアメノコヤネよりも上位に置く形で、鹿島・香取両神宮の祭神を祀っていることです。鹿島神宮や香取神宮がかつての高天原（＝日高見国）の中心部に位置することを考えると、藤原氏もそれらの神々と並んで日本の主流であると宣言しているようにも受け取れます。

一方で、吉田大洋氏は「鹿島神と藤原氏は本来、関係がなかったし、ミカヅチは作り出された神であった。記紀に載せられたことにより、鹿島神宮も後世タケミカヅチを祭神としたにすぎない」と断言します。藤原氏の権威を否定しているのです。

さらに吉田大洋氏は、鹿島神宮や香取神宮には出雲とのつながりを思わせる物証があるとしています。

　また、鹿島神宮の社殿内陣の構造（神座の位置など）は、出雲大社とそっくりなのである。クナトノ大神も摂社に祀られている。隣りの香取神宮（フツヌシが祭神）では、出雲の〝亀甲〟を神紋としている。

つまり、鹿島神宮や香取神宮へ影響を与えた出雲こそが、高天原の天津神の系譜における正統であり、日本の主流なのだと言いたいようです。しかし、それではクナトノ大神が渡来人であることを否定してしまうことになり、話の筋道にねじれが生じてしまいます。

先に、「出雲口伝」の「我々は祖国を高天原と呼ぶが、これは遠い海の彼方だと伝えている」というくだりを紹介しましたが、ここにもそうしたねじれが見られます。この内容では、高天原がどこか日本ではない場所にあることになってしまいます。「出雲口伝」はこうした矛盾を含んだ史料として読んだ方がいいでしょう。

出雲神族も藤原氏も神璽としての勾玉を持たない

いずれにせよ、オオクニヌシの息子であるタケミナカタを降《くだ》したのがタケミカヅチであるという記述は、『古事記』と「出雲口伝」で共通しています。そのタケミカヅチを藤原氏が守護神と仰いでいる以上、出雲神族と藤原氏が対立関係にあるのは確かでしょう。

さらに、それぞれが高天原（＝日高見国）の中心部にある鹿島神宮と香取神宮との深い関わりを主張し、自らを日本の主流であると見なしていることも、明らかになります。

ところが出雲神族にしても藤原氏にしても、日本の王権の証拠となる神璽《しんじ》としての勾玉を持っていません。神璽としての勾玉、すなわち八尺瓊勾玉《やさかにのまがたま》を持っているのは天皇だけです。

出雲神族は勾玉を宝石《たから》と呼んでおり、「出雲口伝」では「天孫族は、クナト大社（熊野大社）

に安置する宝石《たから》（勾玉）を奪っていった」と主張します。つまり、出雲の勾玉を天孫族が奪って天皇になったと言いたいようです。

しかし、第1章でも述べたように、一般に勾玉は関東や東北で多く出土していることから、出雲は高天原（＝日高見国）と接して初めて勾玉を知ったのだろう、というのが私の意見です。

では、どうして勾玉は日本において、そこまで重要視されているのでしょうか。

美術史家としての私の見解は、勾玉とは太陽と月の形が連続したものだということです。つまり、「丸い太陽」に「欠けた月」がつながった形状です。これは、日本が太陽の国であるということを示す、一万年前から存在する印です。

さらに、勾玉にはある機能も備わっています。

勾玉の真ん中に穴が開いているのは、そこを通して太陽を見るためです。太陽を直接見ると目を痛めてしまいますが、小さな穴を通して見れば大丈夫なのです。

その勾玉の中でも最も重要なものが、三種の神器の一つである八尺瓊勾玉です。

八尺瓊勾玉は日高見国を統一した証だった

八尺瓊勾玉とはもともと、アマテラスの岩戸隠れの際に玉祖命《たまのおやのみこと》が作り、八咫鏡とともに太《ふと》玉命《だまのみこと》が捧げ持つ榊の木にかけられたとされます。のちに天孫降臨に際し、ニニギ（瓊瓊杵）に授けられたといいます。

『古事記』には、高天原には最初にアメノミナカヌシ（天之御中主）とタカミムスビ（高御産巣日）とカミムスビ（神産巣日）という三柱の神が現れたと記されています。これを造化三神《ぞうかさんしん》といいます。

『古事記』のその箇所を引用しておきましょう。

> 天地《あめつち》初めて発《おこ》りし時に、高天原に成る神の名は、天之御中主神《あめのみなかぬしのかみ》。次に高御産巣日神《たかみむすひのかみ》。次に神産巣日神《かむむすひのかみ》。此の三柱の神は、並独神《なみひとりがみ》と成り坐《ま》して、身を隠しき。

造化三神は、『日本書紀』の一書（異伝）にも次のように登場します。

岩戸隠れを描いた高千穂の岩戸神楽

高天原に生まれた神の名は、天御中主尊《あまのみなかぬしのみこと》と言う。
次に高皇産霊尊《たかみむすひのみこと》。次に神皇産霊尊《かみむすひのみこと》。

最初に現れたアメノミナカヌシは、「天の真ん中」というその名から、一般に太陽神とされます。それは正しいのかもしれませんが、日高見国の最初の頭首《とうしゅ》を指していると考えられます。

その次に現れたタカミムスビとカミムスビの名には、人々を「結ぶ、統一する」という意味のある「ムスビ」という語が見られます。

ここで注目すべきは「日高見」と音が似たタカミムスビです。ですから、このタカミムスビが日高見国を統一したのでしょう。

記紀によると、タカミムスビの子であるタクハタチヂヒメ（栲幡千千姫）は、アマテラスの子であるアメノオシホミミ（天忍穂耳）と結婚し、その間に生まれたのがニニギ（瓊瓊杵）です。ニニギは天孫降臨を行い、そのさらに曾孫が初代・神武天皇となりました。

つまり、日高見国を統一したタカミムスビの系譜が天皇家に連なり、その万世一系の天皇家の証となるのが八尺瓊勾玉ということになります。

渡来系である出雲神族は日本の初期の国作りにおける、こうした正統性をうらやましく思い、「出雲神族の勾玉を天孫族が奪った」という話を創作したのでしょう。

諏訪に向かったのは渡来ユダヤ人たちの拠点だったから

ここで、タケミナカタが諏訪へ向かった話に戻ります。

「出雲口伝」には「信濃を平定して第二出雲王朝を築いた」とあり、諏訪とは書いていません。しかし諏訪大社の祭神がタケミナカタであることや『古事記』の記述から、諏訪へ向かったと考えて差し支えないでしょう。

では、なぜ諏訪なのか。

諏訪大社は諏訪湖の周辺にあり、もともとこのあたりは湿地帯です。「すわ」は「すい（水）」に通じ、水辺や水に浸された土地を意味します。

そして、湿地帯は干拓や灌漑《かんがい》をしなくては人が住めません。諏訪湖周辺の湿地帯ということになると、大規模な土木事業が必要ですから、それを取り仕切ることのできた人々が古代の諏訪にいたことになります。

つまり、タケミナカタが来る以前に、渡来したユダヤ人の集団が諏訪に居住していたと考えるべきでしょう。その渡来したユダヤ人が、諏訪大社の神長を代々務めていた、土着の洩矢《もりや》神の後裔とされる守矢氏だと思われます。

タケミナカタが諏訪に逃げ込んだのは、そこがもともと渡来ユダヤ人たちの一大拠点になっていたからです。

いったん話は近代に飛びますが、服部セイコーの子会社である第二精工舎は、太平洋戦争時に工場を諏訪市に疎開させ、終戦後もそのまま諏訪市でウオッチ製造を継続しています。これらの工場は新会社の諏訪精工舎にまとめられました。

諏訪精工舎はその後、セイコーエプソンと社名を変えて腕時計の開発・製造の他、プリンターやパソコンの製造も行っています。その関連で、諏訪市には精密機器関連の企業が数多く存在しています。

前述の通り、養蚕を行っていた秦氏の一部は呉服業に携わり、多くは服部姓を名乗りました。セイコーグループの創業家である服部家も、その姓から秦氏の系譜に連なることは明らかでしょう。

銀座の服部時計店のビルは東京大空襲でも焼失することはありませんでした。それほど頑丈な建物を作れる財力を持っていたのです。それは彼らがユダヤ系秦氏だったからでしょう。

スイスと諏訪の意外な共通点

ところで、時計のような精密機器の製造では海外ではスイスが有名です。そして、スイスの銀行には世界中の大富豪が膨大な資産を預けています。

スイスという国の成り立ちは変わっていて、主に四つの国からやってきた人々で構成されています。一つはドイツ系で、チューリッヒのあたりに住んでいます。それから、フランス系はジュネーヴのあたりです。イタリア系はいろいろな地域に住んでいます。

もう一つはグラウビュンデン州の山間部に住むロマン系と呼ばれる人々です。これは、ラテン語の口語とケルト人の言語、ラエティア人の言語が混ざって発展したロマンシュ語を話す人々です。現在、スイス国内でロマンシュ語を話すのは人口の約〇・五パーセントであり、ユネスコの「消滅の危機にある言語」に指定されています。

このように、スイスは四つの国で一つの国を形作っています。四つの国で一つの国になっているというのは、日本人の感覚からすると奇異な感じがするかもしれません。スイスでは昔から、各国のユダヤ人が行き来しており、まとまりのある国家作りができなかったのです。

しかし、国家としての強い主張がないということは、国際紛争に巻き込まれる可能性が少ないのですから、国際的に開かれた銀行を置くのに向いています。そこで、スイスの銀行は世界中の富を引き寄せることに成功しているのです。

そうしたスイスのあり方について、「永世中立国である理想的な国」だと世界中の多くの人が信じていますが、そのように宣伝したのはスイスのユダヤ人です。

そして、規模こそ違いますが、このスイスと似た成り立ちをしているのが日本の諏訪です。諏訪には、古代から渡来したユダヤ人が入植して湿地帯だった土地を住めるように変えました。これは、秦河勝が鴨川や桂川といった氾濫する河川を整備して、湿地帯であった京都を住めるようにしたのと同じやり方をしたのです。

秦氏にそれができたのは、ヨーロッパ、ペルシャ、中東などの進んだ土木技術を日本に持ち込んだからでしょう。川の周辺の土地を整備する仕事に従事していたか、その技術を何らかの形で知っていたユダヤ人たちが日本に渡来したことで、秦河勝の名が示すように日本は川に勝つことができました。

諏訪で起きたのもそれと同じことです。秦氏は諏訪湖に流れ込む川による湿地帯を整備して土地として活用できるようにし、独立した国を形成したのです。

タケミナカタは、出雲神族のように渡来したユダヤ人が諏訪にいることを知っていたから、そこへ向かったのでしょう。そうでなければ、海に面した出雲の地とまったく違う環境となる内陸の諏訪へ移住を前提にして向かった理由が説明できません。

出雲神族は諏訪を拠点に関東へ進出した

タケミナカタはタケミカヅチに降された形になっています。しかし、一方で優れた武神として崇敬を集めていることから、戦《いくさ》の司令官として卓越した才を備えていたはずです。

例えば、平安時代末期に編まれた歌謡集『梁塵秘抄《りょうじんひしょう》』には、「関より東の軍神《いくさがみ》　鹿島　香取　諏訪の宮」と歌われています。歌になるくらいその武勇を響かせていたということでしょう。

そのタケミナカタ一行が諏訪を拠点に定めて以降、そこから関東へと出雲神族の末裔たちが進出していきました。その物証となるのが氷川神社です。

「氷川」とは、出雲のそばにある島根県の斐伊《ひい》川に由来する名称です。斐伊川はスサノオが八岐大蛇を退治したとされる川であり、氷川神社が関東にたくさん存在するのは、関東以東へ出雲神族が大挙して入ってきたことを意味します。

埼玉や東京には大きな氷川神社があり、例えば埼玉の一の宮（その地域で最も社格の高い神社）はさいたま市の氷川神社です。

縄文時代には、関東・東北で多くの人口を擁していた日高見国という国がありましたが、諏訪でも数多くの縄文遺跡が発見されていることから、多くの人々が暮らしていたことがわかります。

氷川神社（さいたま市）社殿

諏訪の近くには八ヶ岳を中心とした中部高地が広がります。縄文時代にはこの地の黒曜石鉱山で採掘された黒曜石が、最高級の矢じりの材料として日本各地で使われました。

諏訪の縄文遺跡からは、当時の人々や動物を描いた土器やヴィーナス土偶なども数多く出土しています。二〇一八年には八ヶ岳を中心とした中部高地の縄文文化が「日本遺産」の認定を受けています。

渡来したユダヤ人たちは、まずこうした文化的に豊かな地に住んだはずです。また、外敵の侵攻を警戒して高地を選択したケースも多かったものと思われます。

渡来したユダヤ人が盆地を選んだ理由

タケミナカタが諏訪を選んだのは地形が好都合だったこともあったはずで、高地であることの他、盆地になっていたことも重要な要素でした。

ユダヤ人のようにユーラシア大陸から日本に渡来した人々は、奈良のような盆地を好みます。彼らは盆地にいると身を守られているという感覚になるからです。

ユーラシア大陸の西洋人たちは都市全体を城壁で囲い、あるいは境界線（国境）上に城壁を建設し、外敵の攻撃から内側を守っていました。

一方、日本ではそうした外壁を造らずとも、低山に囲まれた盆地がたくさんあるので、そこに都市を造れば地形を利用した防衛が成り立ちます。盆地への出入り口さえ押さえておけば、外敵から容易に都市を守れるからです。

奈良も京都も鎌倉も盆地か、盆地に近い地形だったので選ばれ、都市が造られました。

渡来したユダヤ人たちは、盆地を利用した都市防衛のあり方を見て、自分たちを守るのに必ずしも街を囲む壁は必要ないと気づいたはずです。そこで、防衛に当たる人材確保の方を優先して、人口を増やすことに注力するようになります。

しかし、盆地には周囲の山から川の流れが集まってくるため洪水の恐れがあり、治水事業に長けた者が土地を整備する必要があります。渡来したユダヤ人たちはその手立てを知っており、中でも秦氏はその代表格のような存在でした。

縄文時代の日本人が治水事業を行えなかったわけではないでしょう。しかし、元から日本に住んでいる人々はそんなことをしなくても、単に暮らしやすい場所を探してそこに都市を造るだけで十分でした。暮らしにくい土地を整備してまで住むという選択をしてこなかったのです。

平城京や平安京は中国の都をまねたわけではない

日本での生活にすっかりなじんだ同化ユダヤ人たちは、京都（平安京）だけでなく、平城京や藤原京などいくつもの都において都市計画に関わってきました。

そうした都市では碁盤《ごばん》状に道が造られました。こうしたものを造ろうという発想は日本にはもともとありません。日本の街づくりは、里山の少し高いところに集落を形成して洪水を避けるという考え方で行われるので、碁盤状の道は必要なかったのです。

山腹に集落を造ると崖崩れが怖いと思うかもしれません。しかし昔ながらのやり方であれば山をしっかりと観察して、崩れそうなところを避ければ大丈夫です。

現に、東日本大震災のときも里山の高いところにあった神社の大部分は被害に遭っていません。日本人はこうした知恵をもって災害に備えてきました。

ところが、秦氏のような遠く西方からやってきた人々はまったく違う発想を持っていて、平らな土地に碁盤状の大きな都市を造ろうとします。一般的に、平城京や藤原京、平安京は中国の都をまねて造られたといわれますが、それは誤りです。実際には秦氏の故郷である弓月《ゆみつき》国のような、より西方の民族の考え方を採用したのです。

碁盤状に造られた都市トリノ（イタリア）

一般にヨーロッパの古い都市というと、中央に教会や広場があって、そこから放射線状に道が延びているイメージがありますが、イタリアのトリノのように碁盤状の都市もあるのです。西方にも碁盤状の街があったということです。

古代中国では西方の異民族のことを胡人《こじん》と総称しており、初の中華統一を成し遂げた秦の始皇帝の一族もまさにその胡人でした。胡人の中には「失われた十支族」など、ユーラシア大陸を東へ移動してきたユダヤ人も多く含まれています。

こうしたことから、西方から中国へ碁盤状の都市造りがもたらされ、同様に日本にも伝わったと考えるべきでしょう。

稲作を支えたユダヤ人の技術

水稲《すいとう》による稲作のために田を造り、そこに水を引いてくることにもユダヤ人の土木技術が使われました。水稲は熱帯の東南アジアの産物ですから、それを温帯の日本で栽培するには水をたたえるための整地と灌漑が必要です。

水稲を用いた稲作が弥生時代に入ってくる前の縄文時代から、日本でも陸稲の栽培は行われていました。しかし、陸稲では水田の必要がなく灌漑技術は発達しません。

なお、稲作は朝鮮から北九州へ伝えられ、そこから日本全国に広がっていったというのが定説ですが、寒い朝鮮半島でうまく稲作ができていたとは思えません。東南アジアから伝わってきたことの方が多かったでしょう。

先にも触れた通り、私は秦氏の一部が東南アジアを経由して、日本へ水稲の稲作を伝えたのだと推測しています。

では、どうして関東や北陸、東北で稲作が盛んになったのかというと、縄文時代に始まっていた陸稲の栽培が水稲に置き換わったからでしょう。六千年前から始まっていたといわれる陸稲の栽培が、縄文時代に人口が集中していた東国で盛んに行われていたので、そのまま水稲に置き換わったのでしょう。

稲作の普及によって多くの人口を支える食糧供給の仕組みが整ってくると、国家を構成する要素がさらにそろい始めます。国を組織する才を持つ者が現れ、財を持つ者が開拓事業に資金を出すようになるのです。

資金といっても、米や塩、絹といった現物での支払いですが、そうした財を円滑に扱う能力に長けていたのが渡来したユダヤ人たちでした。ユーラシア大陸を商才を駆使して渡り歩き、シルクロードまで造ってしまったユダヤ人たちは、日本でもその能力を大いに振るったはずです。

国譲り後に分散した出雲神族

そうしたユダヤ人の中でも特に突出した存在が、スサノオでありサルタヒコでした。また、

第1章でも説明したように、オオクニヌシやタケミナカタも渡来したユダヤ人の末裔だったと考えるべきでしょう。

土木技術に通じたユダヤ人は巨大建築の建造も得意としており、先にも触れた通り、オオクニヌシが建てさせた古代の杵築大社（出雲大社）の本殿は現在のものとは異なり、四十八メートルもの高さを誇る壮麗なものであったと伝えられています。これは真偽不明の伝承などではなく、境内から実際に巨大な柱が出土していることから史実であろうといわれています。

平安時代中期に編纂された教養書『口遊《くちずさみ》』には、当時の大建築の順位として、一位は出雲大社、二位は東大寺、三位は京都御所の大極殿《だいごく》であると記されています。これなども当時の出雲大社の本殿の巨大さを裏付ける資料となるでしょう。

そのように、渡来したユダヤ人たちによって隆盛を誇った出雲も、現在は人口の少ない地域となっています。巨大建築を造るほどの文化を生んだ人々の多くは国譲りに伴い、諏訪や関東、東北に移住してしまったからでしょう。

「出雲口伝」にも、初代・神武天皇が大和で即位した後のこととして、「出雲人は、大和、出雲、北陸、関東、東北などに分散させられた」と記されています。

郵 便 は が き

料金受取人払郵便

新宿局承認

2524

差出有効期間
2025年3月
31日まで
(切手不要)

160-8791

141

東京都新宿区新宿1－10－1
(株)文芸社
愛読者カード係 行

お名前《ふりがな》		明治 大正 昭和 平成	年生 歳
ご住所《ふりがな》	□□□-□□□□	性別	男・女
お電話番号	(書籍ご注文の際に必要です)	ご職業	
E-mail			
ご購読雑誌(複数可)		ご購読新聞	新聞

最近読んでおもしろかった本や今後、とりあげてほしいテーマをお教えください。

ご自分の研究成果や経験、お考え等を出版してみたいというお気持ちはありますか。

ある　ない　内容・テーマ(　　　)

現在完成した作品をお持ちですか。

ある　ない　ジャンル・原稿量(　　　)

<table>
<tr><td>書　名</td><td colspan="4"></td></tr>
<tr><td rowspan="2">お買上
書　店</td><td rowspan="2">都道
府県</td><td rowspan="2">市区
郡</td><td>書店名</td><td>書店</td></tr>
<tr><td>ご購入日</td><td>年　月　日</td></tr>
</table>

本書をどこでお知りになりましたか?

1.書店店頭　2.知人にすすめられて　3.インターネット(サイト名　　　)

4.DMハガキ　5.広告、記事を見て(新聞、雑誌名　　　)

上の質問に関連して、ご購入の決め手となったのは?

1.タイトル　2.著者　3.内容　4.カバーデザイン　5.帯

その他ご自由にお書きください。

(　　　)

本書についてのご意見、ご感想をお聞かせください。

①内容について

②カバー、タイトル、帯について

弊社Webサイトからもご意見、ご感想をお寄せいただけます。

ご協力ありがとうございました。

※お寄せいただいたご意見、ご感想は新聞広告等で匿名にて使わせていただくことがあります。

※お客様の個人情報は、小社からの連絡のみに使用します。社外に提供することは一切ありません。

『旧約聖書』のイサク奉献の話はユダヤ的

タケミナカタ一行よりも先に諏訪に住んでいた守矢氏が、渡来したユダヤ人の末裔である可能性については先に述べました。

この守矢氏について注目すべきは、『旧約聖書』の「創世記」にあるイサク奉献の話に登場するモリヤ山を思わせる氏族の名です。諏訪には守屋山という山もあり、そのふもとに諏訪大社の上社《かみしゃ》が位置しています。

イサク奉献とは、預言者アブラハムが息子・イサクをいけにえとして捧げるよう神から命じられた話です。アブラハムがイサクを縛り、たきぎの上に横たえ、刃物を振り下ろそうとした瞬間、天の使いがやってきてアブラハムを制止します。そして、天の使いはアブラハムの信仰心を称えます。

イサクはアブラハムが老齢になって初めてできた子であり、その大事な息子を神に捧げよというのですから何とも残酷な話です。しかし、アーティストにも強い印象を与えるエピソードだったのでしょう。レンブラントやカラヴァッジョなどがイサク奉献をモチーフにして名画を

イサク奉献の際に天使が現れた場面を描いた絵画（ドメニキーノ作）

生み出しています。

『旧約聖書』にはこうしたむごたらしい話が多く登場します。ユダヤ人の性格がそうした残酷な話を生んだと考えられますが、この内容を西洋人が広く受け入れたことには意外な感じがあります。

　キリスト教にも聖書の一部として受容されている『旧約聖書』は、あくまでもユダヤ民族の共同体的な物語です。本来であれば、これをヨーロッパの諸民族が受け入れるのも不思議な気がしないでもありません。

　しかし、逆にいえば、ユダヤ人がキリスト教をヨーロッパに浸透させることに首尾よく成功した証でもあります。当初、キリスト教を弾圧していたローマ帝国では四世紀後半、キリスト教が国教化され、その後、ヨーロッパ全域に教勢を延ばしていきました。

　私はヨーロッパに留学していた当時、こうしたことに思いを巡らせ、ユダヤ人の個人主義がヨーロッパ人に適していたのであろうと結論づけました。

ユダヤ人は風土が培った性質として、戦いに明け暮れたり、常にいがみ合ったりするようなところがあります。そして、そこから暴力的で不寛容な神の概念が生まれ、「一人息子を捧げよ」と命ずるような神を信仰するようになったのではないか。

こういう性格の神や神話は日本では考えられません。

生まれた子が不具であったため海に流したとか、近親相姦を平気でしたりとか、現代の規範からすると眉をしかめたくなる話は確かにあります。しかし、イサク奉献のような残酷な話は存在しないのです。日本人の間では、そんな命令をする神への信仰は生じようがないはずです。

ところが、イサク奉献の話をなぞったとしか思えない神事が、諏訪大社ではかつて行われていたというのですから、驚くべきことです。これは、この地にユダヤ系の人々が住んでいたことの有力な証拠となるでしょう。

御頭祭の様子を活写した菅江真澄

守屋山のふもとにある諏訪大社の上社前宮の十間廊《じゅっけんろう》という建物では、毎年四月十五日に御《おん》頭祭《とうさい》という神事が執り行われます。

諏訪大社上社前宮の十間廊

昔の御頭祭では、神使《おこう》となった六人の少年にミシャグチという神が降ろされ、いけにえとして御贄柱《おにえばしら》と呼ばれる柱に縄で縛りつけられました。そして、少年は柱ごと竹のむしろの上に押し上げられ、刃物も登場しますが、そこに神官が現れて少年は解放されます。

その詳細を記録した文書を、菅江真澄という十八世紀の学者が遺しています。

彼は三河国（現在の愛知県東部）の生まれで、東北地方を中心に各地の伝統や文化を記した紀行を数多く遺しています。その彼が信濃を旅して記した『すわの海』という紀行文があり、その中に御頭祭を実際に見聞したくだりがあります。

『菅江真澄の信濃の旅』（信州教育出版社）から、現代語訳を引用しましょう。

やがて篠の束の縄をほどき、篠をばらばらにしてその上に敷き、花を供える。長殿《おさどの》はそのままじっとしている。そのとき長さは五尺（約1・5m）余り、幅は五寸（約15cm）ほどで、先のとがった柱を押し立てる。これを御杖とも、御贄柱ともいうが、どうであろうか。長殿は、座っている場所から下りて、柱をよく見て調べ、この木は節があってよくないといって、受け入れようとしない。御神《おこう》といって、八歳ぐらいの子どもが、紅の着物を着て、この御柱にその手を添えさせられ、柱ごと人々が力を合わせて、かの竹の筵の上に押し上げて置いた。

ここで登場する「長殿」とは祭祀を取り仕切る役であり、守矢氏が務めていました。

長殿からは、四人めの下位の神官であろうか。山吹色の袂の神官が、木棉襷《ゆうたすき》をかけて待つ。そこへ上下を着た男が、藤刀というものを、小さな錦の袋から取り出し、抜き放って長殿に渡す。長殿がこの刀を受け取り、山吹色の衣を着た神官に渡す。その藤刀を柱の上に置く。また、長い縄を渡す。

この藤刀《ふじかたな》は今も残っており、守矢家で伝えてきた守矢文書を保管・公開する「神長官守矢《じんちょうかんもりや》史料館」に展示されています。儀式はこの後、祝詞奏上や神楽を経てクライマックスを迎えます。

例の神の子どもたちを、桑の木の皮をより合わせた縄でしばり上げる。その縄でしばるとき、人々はただ「まず。まず」と声をかける。ともし火をともす。再び祝詞を読み上げた後、大紋を着た男が、子どもを追いかけて神前へ出てくる。

一方、長殿は、藤づるが茂っている木の下に行き、家を造った時、屋根に差した小さな刃物を、八本投げられた。

いよいよ祭りは最高潮となる。諏訪の国の司から使者の乗った馬が登場する。その馬の頭をめがけて人々は物を投げかける。しかし、この馬はとても早く走る。その馬を今度は子どもたちが大勢で追いかける。

その後ろから、例の御贄柱を肩にかついだ神官が、「御宝だ、御宝だ」と言いながら、長い鈴のようなものを五個、錦の袋に入れて、木の枝にかけ、そろりそろりと走り出し、神の前庭を大きく七回回って姿を消す。

そして、長殿の前庭で、先に桑の木の皮でしばられていた子どもたちが解き放され、祭りは終わった。

この神事のことを知った人は皆、「子供を柱に縛った後、今度は解放するのはなぜか」「なぜ使者が現れると子供を解放するのか」と頭をひねるでしょう。しかし、私は西洋美術史を専門にしてきた人間ですから、この神事を知ったときすぐにピンときました。

モリヤという山で、神へのいけにえとして少年が刃物で殺されそうになったところを、神の使いが制止するという一連の流れは、イサク奉献の話をそのままなぞったとしか思えません。

諏訪大社で行われるイサク奉献そのままの儀式

イサク奉献の話では、イサクを屠《ほふ》ろうとしたアブラハムが天の使いに制止された後、茂みに雄羊を見つけたのでいけにえとして神に捧げます。一方、昔の御頭祭では七十五頭の鹿がいけにえとして捧げられました。これはアブラハムが茂みに見つけた雄羊に相当するものでしょう。

日本には六世紀後半に大陸から羊がもたらされたものの、江戸時代後期までは羊はほとんど飼育されていません。つまり、日本列島には羊が存在しなかったので、代わりに鹿を使ったものと思われます。

そして、七十五頭もいけにえにされたのは、ユダヤ教の過越《すぎこし》の祭り（一五八ページ参照）で七十五頭の子羊が捧げられていたことをなぞったのではないか。

菅江真澄は御頭祭において鹿のいけにえを捧げる場面も記録しています。再び『菅江真澄の信濃の旅』からの引用です。


私はここから十六町（約１・７㎞）ほど東へ歩いていった。前宮という所に、十間間口の直会殿がある。そこにはなんと鹿の頭が七十五、真名板の上に並べられていた。その中に、耳の裂けた鹿がある。この鹿は神様が矛で獲ったものだという。

上下（裃）にいずまいを正した男が二人、動物の肉を真名板にのせて持って登場する。その足どりやいでたちなど古いしきたりがあるのだろう。弓、矢を持ち鎧を着、剣は根曲がりといって、つかの下で曲がったものをさしている。

直会殿の南の隅には、白鷺・白兎・雉子《きじ》・山鳥・鯉・鰤《ぶり》・鮒などの肉、三方に入っているのは米三十桝だ。また菱餅・えび・あらめを串に差したものも目につく。こうして、神に供える大きな魚・小さな魚・大きな獣・鳥の類などいろいろなものがことごとく奉られ、数多くの器に組み合せて供えてあるといえる。

菅江真澄は神前の供物を絵でも記録していますが、角のついた鹿の頭部が目を引きます。

これらの鹿は神が獲ったものとされ、イサク奉献の話とは少しニュアンスが異なります。おそらく、長年に渡って伝承されていく中で、儀式のディテールが変化していったのでしょう。なお、実際の神事ではこの後に、先ほどの子供をいけにえにしようとする儀式が続きます。イサク奉献の話とは時系列が逆になっているわけですが、これも伝承されていく中で変化したものと思われます。

なお、菅江真澄が見聞したような形での御頭祭は少なくとも明治時代にも続いていたようです。しかし、現在では同じ形式では行われていません。

こうした御頭祭の神事の内容から、諏訪では守矢氏が率いる人々によって原型にかなり近い形でユダヤ人の信仰が伝承されていたことは明らかでしょう。その地へ、同じユダヤ系である出雲神族のタケミナカタ一行がやってきたことになります。

先にも触れた通り、タケミナカタが諏訪入りした当初は武力衝突もありました。十四世紀中頃に成立した、諏訪大社の最古の縁起絵巻である『諏訪《すわ》大明神《だいみょうじん》画詞《えことば》』にも、タケミナカタの神が諏訪入りした際、天竜川河口で迎え撃ったのが洩矢の神であったが戦いに敗れたと記されています。

しかし、最終的にタケミナカタの末裔である諏訪氏と守矢氏は、ともに諏訪大社の神職として手を取り合っており、同じユダヤ系として協力関係を結んだことになります。

ミシャグチはイサクの神

神長官守矢史料館 御左口神社

諏訪とその周辺地域には古くからミシャグチという神への信仰があり、この神の神事も御頭祭と同じく十間廊で執り行われています。ミシャグチは道祖神と関係があるともされますが、由来不明の謎に満ちた神とされています。

しかし、「ミシャグチ」の音を「ミ・イサク・チ」と分解すると、そこに「イサク」の名が現れます。「チ」を「精霊」と解するなら、「ミシャグチ」はイサクの神といった意味になります。

タケミナカタの諏訪入り前、この地の先住民は守矢氏の祖神である洩矢神とミシャグチ神をともに信仰していました。

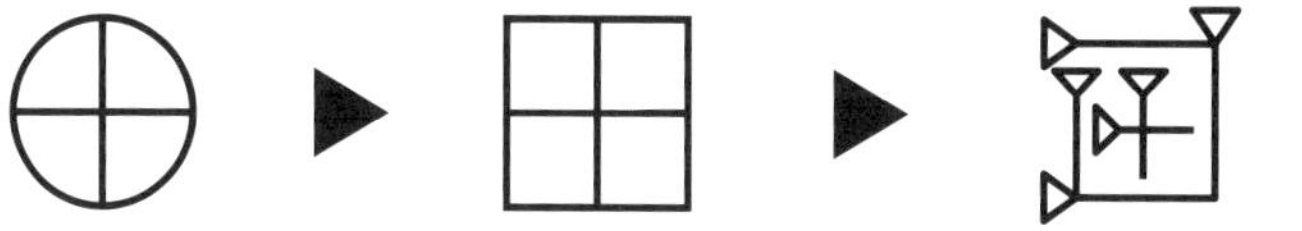

つまり、モリヤの名を持つ渡来ユダヤ人集団と、イサクの名を持つ集団が共存していたことになります。

さらに興味深いのは、守矢氏の家紋である「丸に左十文字」です。島津氏の家紋とほぼ同じであるため、島津氏から授かったという説がある一方、平忠度《たいらのただのり》の子・重実《しげざね》の使用した陣幕にあった紋だともいわれます。高遠藩の内藤氏の家紋と同じだといった説もあるようですが、いずれも決め手に欠けており、由来不明です。

一方、これを「羊」を表す古代シュメールの楔形《くさびがた》文字とする説があります。楔形文字で「羊」は「四角に十字」ですが、その原型は「円に十字」であり、確かに守矢氏の家紋にそっくりです。（参考　https://mathematica.site/web-mag/web-mag-babylonian/invention-of-numbers-10/#i-9）

ユーラシア大陸を東へ向かうユダヤ人たちが、その途上で各地の言語を吸収する中で、自分たちの信仰で重要な「羊」を表す文字を深く記憶に刻み、遠く諏訪の地に至るまでそれを忘れなかった、と考えればつじつまが合います。

多胡羊太夫は秦氏だった

先に触れたように、日本では江戸時代後期までは羊がほとんど飼育されていませんでした。ところが、七世紀後半の群馬の郡司（郡を治めた地方官）に多胡《たご》羊《ひつじ》太夫《だゆう》という人物がいました。中国で西方の異邦人が胡人と呼ばれたことや、名前に「羊」が入っていたことを考えると明らかに西方からやってきた人でしょう。

羊太夫は「多胡（藤原）羊太夫宗勝、小幡羊太夫」とも呼ばれており、「羊太夫伝説」では、武蔵国秩父郡（埼玉県秩父市）で、後に年号にもなる和銅《にぎあかね》という銅塊を発見した、と記されています。

和銅を朝廷に献上し、その功績で、この多胡郡の郡司に指名され、また藤原氏の姓さえ授かった、ということです。この和銅の発見により、年号が慶雲から、和銅に改められた、といいますから、朝廷にとっても、大変な業績と考えられたのでしょう（『続日本紀』巻四）。

つまり、純度が高く、精錬を必要としないこの自然の銅により、日本で最初の流通貨幣の「和同開珎（わどうかいちん、わどうかいほう）」が鋳造されたのです（和銅元年・七〇八年）。

皇朝十二銭の一番目が発行されたわけです。

こうして日本に貨幣が出現しました。日本で最初に流通したお金、「和同開珎」の発行を導いた、この多胡羊太夫とは何者だったのでしょう。

これについては、諸説がありますが、この名前を見ても、中国、朝鮮人ではなく、その他の大陸からの帰化人であることは、予想がつきます。「胡」は、中国では西域の人を指しますし、「羊太夫」とは、羊を飼っていた種族の人間たちということでしょう。

日本には羊などいませんでした。さらに「小幡」の「はた」は、秦氏の「はた」から来ているのでしょう。この群馬の多胡郡はもともと、帰化人が多かったところで、当時刻まれた「多胡碑」によると、「和銅四年に近隣三郡から三百を切り取り『羊』なる者に与え多胡郡とした」とあります。つまり「羊」なる人たちが、この多胡郡に集まったということです。

この羊太夫は関東で銅を発見し、それが純銅だったため、貨幣を造ることを提案しました。これこそが日本で最初の流通貨幣である和同開

多胡郡の建郡を記念して和銅４年（711年）頃に造られた多胡碑（群馬県高崎市）

弥です。

日本最初の流通貨幣を提案するような、優秀な渡来人が関東におり、諏訪にも出雲にもいたというのは別におかしなことではありません。

例えば、平城京跡から発見された木簡に記された「破斯清道《はしのきよみち》」という名の官吏は、その特徴的な名からペルシャ人であろうと推測されています。つまり、奈良時代からすでに外国人が役人として働いていたのです。

こうした例は数多くあると見られます。実際、日本中を歩いていると、はるか遠い国の血が混じっているとしか思えない容姿の人をしばしば見かけます。

国土が豊かな日本の同化力は強い

偏狭な右翼はよく、〝純粋な日本人〟にこだわりますが、日本人は混血民族なので、人種的な意味での純粋性は元からありません。むしろ、日本に来れば誰であれ次第に純粋な日本人になってしまうと考えた方がいいでしょう。

私は、日本で三代に渡って暮らせば同化すると考えています。ほとんどの場合、三代住んでいれば純粋な日本人になるということです。

それだけ、日本の同化力は強いのです。日本人とともに心地よく暮らしていれば、故国のことは忘れて日本人になりきってしまうのです。

その同化力の背景には、日本の国土の豊かさもあるはずです。

日本で、「原罪」などといった自罰的な宗教概念が生じなかったのは、自然の豊かな恵みがあり、基本的に飢えることがないからです。

もちろん、歴史的には飢饉や自然災害で多くの人が飢餓に陥り、大きな被害を出したこともあります。しかし世界各地と比べると、国土の約七割は森林であり、自然環境には大変恵まれています。

山が多くてたくさんの雨が降るので水害は多いものの、生存を左右する水には不自由しません。貴重な水源を巡って戦争が起きてしまうような乾いた地域とは大きく異なるのです。

『旧約聖書』の内容が殺伐《さつばつ》としているのも、乾いた地域の感性で書かれているからでしょう。

しかし、そんなユダヤ人も、日本に来て数世代も経てば、すっかり同化して、天皇家に奉仕する秦氏のようになります。

御柱祭はソロモン神殿の再建を祈る儀式

諏訪大社で最も広く知られている神事である御柱祭《おんばしらさい》についても触れておきましょう。

御柱祭では、山中から御柱として十六本の大木を切り出し、氏子たちが四ヶ所の各宮まで曳《えい》行《こう》し、社殿の四方に建てて神木とします。中でも御柱に氏子を乗せたまま急斜面を落とす「木落《おと》し」は非常に危険であり、記録にある範囲でも多くの負傷者を出しており、死者も出ているほどです。

各宮の四方に柱を立てる理由には諸説あり、タケミナカタを諏訪から動かさないよう封じるためと主張する人もいます。しかし、そうした消極的な目的のために、あの原始的ともいえる勇壮な木落しを行うというのはピンとこない話です。

これだけ大掛かりなスケールの祭りなのですから、古代から諏訪に住んできた人々にとって重要な意味があると考えるべきでしょう。

そのヒントは『旧約聖書』にあります。

『旧約聖書』によると、アブラハムがイサクを神に捧げようとしたモリヤ山には、紀元前十世紀にイスラエル王国のソロモン王によって神殿が建設されたとあります。そこにはイサクを神に捧げるために乗せた聖なる岩があり、モーセが神から賜った十戒石板が納められた「契約の箱」がその上に置かれていました。この神殿は第一神殿、あるいはソロモン神殿と呼ばれました。

その後、新バビロニア帝国の侵攻により、ソロモン神殿は焼失してしまいますが、紀元前五一六年には再建され、第二神殿と呼ばれることになります。しかし、これも西暦七十年にローマ帝国によるエルサレム包囲戦で破壊され、それ以降、神殿の再建はなされていません。

ユダヤ人にとって、この神殿の再建は民族としての念願です。そこで、日本へ渡来したユダヤ人たちが御柱祭という形で、神殿の再建を願ったとしても不思議ではないでしょう。

ソロモン神殿は建設開始から七年後に完成したとされます。一方、御柱祭は七年に一度、執り行われます。実際のところ、寅年と申年に行われるので六年に一度なのですが、慣例として数え年で「七年に一度」と表現されています。

ソロモン神殿再建のためのスケッチ（16世紀）

干支に合わせる一方で、ソロモン神殿の完成に七年かかったことに合わせて「七年に一度」という表現になったのでしょう。

木落しはレバノン杉運搬の再現か

なお、ソロモン神殿の建設に当たっては、ソロモン王と友好関係にあったティルス王ヒラムから、レバノン杉の提供がありました。この逸話が御柱祭に影響を与えたであろうことは、容易に想像がつきます。

エルサレムは比較的高地に位置しますが、レバノン杉はさらに高いところに生えているので、御柱祭の木落しのように、伐採したものを山の斜面から落として運んだのではないでしょうか。現在でもレバノン山脈では、まさに山の斜面に植えられたレバノン杉を見ることができます。

山から下ろした後は川も越えたでしょうし、馬も使ったでしょう。そうした過程もまた、御柱祭で「川越し」「里曳きでの騎馬行列」などの形で再現されています。なお、伊勢神宮の式年遷宮でも、御木《おき》曳初式《ひきぞめしき》として似たことが行われています。

興味深いことに、ヘブライ語で「ハッシュラ」は柱のことです。古代の出雲大社のように大

右は御柱祭（諏訪大社式年祭）、下社の木落し（2004年）。左は伊勢神宮・御木曳き行事（陸曳）での奉曳車（お木曳車）

きな柱を使う建築を、渡来したユダヤ人たちが持ち込んだことから、日本でも「柱」と呼ぶようになったのでしょう。

前述の通り、ソロモン神殿は第二神殿が破壊されて以降、再建されていません。その代わりに、七世紀にエルサレムを支配下に置いたウマイヤ朝が、同じ場所に岩のドームと呼ばれる建物を建設し、そこがイスラム教の聖地となりました。

一方、第二神殿の遺構として今なお残っている南西の壁の外側の一部は、「嘆きの壁」としてユダヤ教徒の管理下にあります。そこはユダヤ人たちが祈りを捧げる場所となっています。

エルサレムは、キリスト教・ユダヤ教・イスラム教、そしてアルメニアのキリスト教という四つの宗教がせめぎ合って、それぞれに聖地として崇めている地です。その中でも「神殿の丘」と呼ばれるモリヤ山は、岩のドームを維持したいイスラム教と、ソロモン神殿の再建を願うユダヤ教の思いがぶつかり合う場所となっています。

エルサレム旧市街にあるイスラム様式の神殿・岩のドーム。イスラム教のほかキリスト教・ユダヤ教も聖地とする。

二〇二三年十月七日、パレスチナ暫定自治区のガザ地区を実効支配するイスラム組織ハマスが突如、イスラエルへの攻撃を開始。イスラエル側も激しい空爆で応酬しました。二〇二四年三月現在、イスラエルのガザへの地上侵攻が進められています。

ユダヤ教とイスラム教が一触即発の状態を続けているのは、近代イスラエル建国の経緯もさることながら、こうした千年以上に渡る対立が背景にあるのです。

第3章

祇園祭とスサノオと同化ユダヤ人

祇園祭の起源は御霊会

前述の通り、秦氏がユダヤ人ならではの土木技術を駆使して作り上げたのが平安京、現在の京都です。「平安京」をヘブライ語に訳すと「エル・シャローム」、つまり「エルサレム」となることから、この都を造った秦氏が日本でエルサレムを再現した、という見方もできるでしょう。

その京都を代表する〝日本三大祭〟ともいわれる祭りが、千百年以上の伝統を有する八坂《やさか》神社の祭礼である祇園祭《ぎおんまつり》です。祇園祭は明治までは祇園御霊会《ぎおんごりょうえ》と呼ばれていました。

祇園祭の起源となったのが、のちに東寺真言宗の寺院となった天皇家の庭園・神泉苑で行われた御霊会です。御霊会は疫神や死者の怨霊を鎮めなだめる祭りであり、都に疫病が流行したことから、八六三年に行われました。

しかし、疫病の流行が終息することはなく、八六四年には富士山の大噴火、八六九年にはちょうど東日本大震災と同じあたりを震源域とする大地震「貞観地震」が起きてしまいます。

こうした事態に際し、八六九年に神泉苑の南端に当時の国（律令国）の数と同じ六十六本の鉾《ほこ》を立て、その鉾に悪霊を移して祇園社《ざおんしゃ》（現在の八坂神社）に祀られている牛頭天王に諸国の病魔退散を祈る祇園御霊会を開きました。これが現在の祇園祭につながっています。

祇園祭はエルサレムへの帰還を祈る祭り

八坂神社（京都市東山区）

御霊会はその後、祇園社（現在の八坂神社）を胴元とする祇園御霊会として行われるようになります。平安末期には疫病神を鎮め退散させるため、神輿渡御《みこしとぎょ》や神楽、田楽、花笠踊り、山鉾《やまぼこ》（山車）が町中を練り歩く祭礼として発展しました。

祇園社の主祭神であるスサノオは、同社では祇園精舎の守護神・牛頭《ごず》天王と同一視されており、そこから祇園社と呼ばれるようになったというのが定説です。現在でも京都の人は、八坂神社を親しみを込めて「祇園さん」と呼んだりします。

祇園社は長い間、神仏習合の社であり、祇園感神院《ぎおんかんしんいん》とも呼ばれていました。江戸時代までは社僧《しゃそう》と呼ばれる僧形《そうぎょう》の人々が奉仕し、境内には薬師堂や鐘楼《しょうろう》なども存在したのです。古くは興福寺や比叡山延暦寺の末寺（末社）でもありました。

しかし、明治元年の神仏分離令に伴って神社であることを選択し、仏教的な名称であった「祇園社」から「八坂神社」へ改名します。

現在の八坂神社の主祭神はスサノオとその妻・クシナダヒメ（櫛名田比売）、それにスサノオの八柱の子である八柱《やはしらのみ》御子神《こがみ》です。また、八坂神社はスサノオを祭神とする神社の総本社であると主張しています。

ところで、祇園社や祇園祭の語源とされる祇園精舎とは、釈迦在世にあった五つの寺院「天竺五精舎」の一つに当たるものです。

『平家物語』の冒頭で、「祇園精舎の鐘の声、諸行無常の響きあり。沙羅雙樹《さらそうじゅ》の花の色、盛者《じょうしゃ》必衰《ひっすい》の理《ことわり》をあらはす。驕《おご》れる人も久しからず、唯春の夜の夢の如し。猛き者もついには滅びぬ、偏《ひとえ》に風の前の塵に同じ」と詠われていることもあり、「祇園」と聞くと「祇園精舎」を思い出す人も多いでしょう。

一方で、「祇園」がヘブライ語の「シオン」に由来するという説があります。

シオンとはエルサレム地方のことで、イスラエルの地パレスチナにユダヤ人の民族的拠点を設置しようとする思想運動を指す「シオニズム」の語源にもなっています。

その「シオン」が「祇園」になったというのは突飛な説と思えるかもしれません。しかし祇園精舎の祇園はもともと、梵語で「ジェータヴァーナ」ですから、「シオン」の方がむしろ語感的には「祇園」に近いのです。

「祇園＝シオン」であると考えた場合、祇園祭はイスラエルへの帰還を祈る祭りということになります。祇園祭は故郷を追われて離散したユダヤ人である秦氏が、エルサレムへの巡礼に見立て、神輿や山車で祇園社（＝シオン）に帰還する祭りであると私は考えています。

八坂は「ヤー・サッカ」

「祇園」が「シオン」であるとして、では現在の社名である「八坂」はどうでしょうか。

八坂神社の社伝によると、六五六年に朝鮮半島の高麗から来朝した伊利之《いりし》という使節が、新羅の牛頭《ごず》山に座したスサノオを、平安京の東、八坂郷《やさかごう》に奉斎したことがこの社の始まりとされています。ただし、高麗の建国は九一八年なので、正確にいうと、伊利之は高麗の前身である高句麗から遣わされたことになります。

つまり、八坂神社を名乗るようになったのは近代ですが、「八坂」という語の由来は古代にまでさかのぼります。

興味深いのは、この「八坂」をヘブライ語の「ヤー・サッカ」と考えた場合、「神を見る」という意味になることです。

ユダヤ教の神は「ヤハウェ」であり「ヤー（ヤハ）」はその短縮形です。「サッカ（サカ）」は「見る」という意味なので、両方を合わせると「神を見る」となるわけです。「神を見る」とは「神を信頼する」という意味にもなります。

これに気づいたのは私ではなく、ユダヤ人の言語学者にして神道の神官の資格も持つヨセフ・アイデルバーグです。彼は『日本書紀と日本語のユダヤ起源』（徳間書店）という本の中で、このことを発表しました。

おそらく、伊利之という人物は朝鮮半島までたどり着いたユダヤ人、あるいはその末裔でしょう。「ヤー・サッカ」という言葉で信仰を表したことがきっかけで、その名をつけた土地を下賜されたのではないでしょうか。

その後、伊利之は、朝鮮半島から日本に来て、のちに八坂神社となる社を創建したのでしょう。

祇園社と八坂神社という二つの呼称の両方で、ヘブライ語として読んだ場合に意味を持つことは単なる偶然とは思えません。

山鉾巡行はなぜ七月十七日に行われるか

祇園祭は七月一日の「吉符入り《きっぷいり》」に始まり、七月三十一日の「疫神社夏越祭《えきじんじゃなごしさい》」で幕を閉じます。その一ヶ月の間、各種の神事や行事が催されますが、中でもクライマックスとなるのが十七日の前祭と、二十四日の後祭の二回に渡り行われる山鉾巡行です。それぞれの前夜祭である宵山《よいやま》を含め、京都の街には多くの人々があふれ、祭りの熱気に包まれます。

ここで注目すべきは、最初の山鉾巡行が七月十七日に行われることです。実は、この日は『旧約聖書』の創世記で、四十日間続き、百五十日の間、地上で水が勢いを失わなかったという大洪水の話と関係しています。

預言者ノアとその家族、そしてすべての動物のつがいを乗せたノアの方舟は、水上をただよいます。百五十日を過ぎてやっと水は減り始めましたが、地上の生き物はすべて死に絶えてしまいました。

それからノアの方舟はアララト山の上に漂着して、そこに止まりますが、それがまさに祇園祭の前祭と同じ七月十七日でした。

私もアララト山に行ったことがあります。標高五千メートルを超える富士山のような立派な山体であり、中東におけるシンボル的な山として崇敬されているのもうなずける壮観さです。疫病をはじめとする災難の除去を祈る祇園祭で、ノアの方舟が大洪水を乗り切った日に祭りのクライマックスを迎えるのは筋道が通っているといえます。

ところで、創世記には、地上の水が完全に引いてから、ノアたち家族が方舟を出て燔祭《はんさい》を行ったと記されています。燔祭とはいけにえの動物を祭壇で焼いて神に捧げることです。

この燔祭は中国にも伝わりました。北京にある祭祀施設・天壇《てんだん》は明時代の造営ですが、古代からずっと皇帝らによって天を祀る祭祀が行われてきました。

例えば、漢の初代皇帝・劉邦はこの天壇で、儒教の最高神である昊天上帝《こうてんじょうてい》に対し、羊や馬、ヤギを捧げています。これはまさに燔祭であり、中国までやってきていたユダヤ人が伝えたものと考えていいでしょう。

燔祭は日本にも伝わり、『続日本紀《しょくにほんぎ》』には、第五十代・桓武天皇が交野《かたの》の柏原（大阪府枚方市《ひらかた》）で七八五

天壇祈年殿（北京市）

年と七八七年の二回、燔祭を実施したと記されています。桓武天皇は平安京への遷都を行ったことでも広く知られています。

『続日本紀』には燔祭についての具体的な記述もあります。次は、『続日本記　全現代語訳』（講談社）からの引用です。

まさに今冬至が始まりましたので、謹んで郊外の丘で天を祭る大礼を行ない、燔祀を昊天上帝のためにとり行ないます。高紹天皇の幸いは長発《ちょうほつ》（殷《いん》が天下を得たことを歌った歌）のようにゆき渡り、その徳は思文《しもん》（周の祖先の后稷《こうしょく》の徳を称える歌）よりも優れています。天帝に合わせ祀ることができるよう、明らかに天に昇らせ、ここに永く天命にしたがい配します。謹んで幣帛《みてぐら》をそなえ、いけにえの肉や器に盛った穀物などの品々を以て祭祀の供物と致します。

ここには、中国の皇帝と同じように、昊天上帝に対していけにえを捧げる燔祭（文中では燔祀）を行うと述べられています。

山鉾を彩る西方世界

ところで、祇園祭に登場する数多くの山鉾のタペストリーの中には、ノアの方舟をかたどったと思われるものがあります。祇園祭の山鉾の中には、古代イスラエルで用いられた織り方の織物を用いたものも存在します。

また、古代に由来するものではありませんが、京都市下京区の函谷鉾町《かんこぼこちょう》の山鉾「函谷鉾」の前懸《まえかけ》には『旧約聖書』創世記の「イサクの結婚」の物語が描かれています。この前懸は十八世紀前半から採用されているようです。

これは、江戸時代に九州・平戸から日本に入ってきた十六世紀ベルギー製のタペストリーで、実際の山鉾巡行には精緻なレプリカが用いられています。

鯉山《こいやま》町の山鉾の見送り（後方を飾る幕）もまたベルギー製で、古代ギリシャの詩人・ホーマーの叙事詩「イーリアス」におけるトロイのプリアモス王と后が描かれているとされます。一方、これを古代イスラエルのダビデ王と見なす説もあります。

平安時代から続く伝統的な祭りに、そうした西洋からの織物が用いられているのは不思議な感じがしないでしょうか。しかし、シルクロードの途中にあった弓月国にかつて住み、交易と織物産業に関する豊かな経験を持つ秦氏が、西洋の様式を持つ織物をもたらしていたならどうでしょうか。

そうなると、むしろ京都の街を造った秦氏がもたらした西洋式の織物こそが、祇園祭を彩るのに最適ということになります。

私は、初期の山鉾巡行では、秦氏がペルシャやコーカサスから持ち込んだ織物を用いたのではないかと想像しています。あるいはフランスのゴブラン織りの商人が、ベルギーのタペストリーを扱っていたものが運ばれたのかもしれません。ゴブラン織りといえば、十五世紀半ば、ベルギー人の染織家ゴブランがパリで創始したつづれ織の一種です。

ペルシャやベルギーの織物でなかったとしても、ローマから日本までを結ぶシルクロードを渡ってきた秦氏は、ユーラシア大陸各地の織物のモチーフを熟知していたはずです。そこで、そうした珍しい織物を作って祇園祭に提供した可能性があります。

第1章でも触れたように、秦氏の拠点となった太秦《うずまさ》という地名は、朝廷に絹織物をうず高く積んで献上したことから名付けられたとされています。

そういう形で、秦氏による西洋的モチーフの浸透があったからこそ、十八世紀以降にベルギーのタペストリーが山鉾の飾りとしてすんなり採用されたのではないか。

「孟宗山」の山鉾（2023年７月撮影、写真提供＝日本国史学会　中井敏晴）

なお、山鉾の一つに「孟宗山《もうそう》」という、シナイ山を連想させる「モーセ山」に近い音の名を持つものがあります。

表向きは中国の史話二十四孝に登場する孟宗にちなんだものとされますが、左右を飾る胴懸《どうかけ》（幕）にはシルクロードを行くラクダの隊商のような姿が描かれています。これは画家・平山郁夫の作品ですが、シルクロードに関連した絵を何枚も描いた平山郁夫は、そこに何かの意味を込めたのかもしれません。

ノアの方舟が祇園祭の山鉾になった

祇園祭が遠いシオンの地への帰還を祈る祭りであるとして、なぜすでに独自の意味を持っていた「祇園」という字を当てたのでしょうか。

それは、祇園精舎もまったく無関係というわけではないからだと思われます。

シオンはエルサレムの神殿の丘、すなわちイサク奉献で登場するモリヤ山のことも指しています。一方、「祇園」は梵語で「ジェータヴァーナ」であり、これは「ジェータ太子の森」を意味します。ジェータ太子は祇園精舎がある土地のもともとの所有者です。

つまり、「祇園」を「シオン」と見なした場合も、「ジェータヴァーナ」と見なした場合も、祇園祭は聖なる山や森への巡礼を意味することになります。両方の意味を持つと考えられるのは、インドに向かったユダヤ人たちが仏教に影響を与えたということかもしれません。

そこで、祇園祭は秦氏など日本へ渡来したユダヤ人たちがもたらした要素と、インドの仏教を経由して日本に入ってきたユダヤ的な要素の両方の影響を受けているものと思われます。

祇園祭の山鉾からもそれがわかります。

まずユダヤ的な要素ですが、山鉾巡行がノアの方舟のアララト山漂着と同じ日に行われることを考えると、山鉾はまさに方舟をかたどったものと考えられます。日本各地に船形の山車を使った祭りが見られるように、山車によって船を表現するのは決して珍しいことではありません。

日本は川が多く、四方を海に囲まれていることもあって、船による交通は古代より重視されてきました。

記紀にも、葦船《あしぶね》、天鳥船《あめのとりふね》、天磐船《あめのいわふね》といった船が登場します。これは、先に触れた通り、茨城県の鹿島から鹿児島への船団による移動が、建国につながる重要な出来事、すなわち天孫降臨として記録されていることとも関係するでしょう。

八坂神社の主祭神であるスサノオについても、東国の高天原（＝日高見国）から追放されて出雲へ向かう際に、船で移動した可能性があります。そこで、祇園祭の山鉾はノアの方舟であると同時に、スサノオが乗る船としての意味もあると考えるべきでしょう。

イスラエルの契約の箱と日本の神輿

ユダヤ人は、イスラエルの三種の神器である「十戒石板」「マナの壺」「アロンの杖」が収められている契約の箱のことを〝舟〟とも呼んでいます。したがって、舟に乗ることは三種の神器を運ぶことでもあるわけです。

これを、〝船によって運ばれる王権〟と考えるなら、そのまま天孫降臨にも重なってきます。

ノアの方舟の話のような大洪水伝説は、『旧約聖書』の他に、古代シュメールの粘土板の記

契約の箱（ヘラルト・フート作）

録や古代メソポタミアの『ギルガメシュ叙事詩』にも見られます。しかし日本には大洪水伝説はありません。そこで、日本では船による帰還というモチーフだけが模倣されて、祇園祭の山鉾になったのではないか。

ただし、契約の箱は、日本では山車よりも神輿《みこし》の方に影響を与えたようです。

契約の箱は、紀元前六世紀の新バビロニア王国の侵攻で、ソロモン神殿（第一神殿）が破壊された際に行方不明となったため、その形状は残された記録を参考にするしかありません。

『旧約聖書』の「出エジプト記」によると、アカシアの木で作られた箱は、長さ一三〇センチ、幅と高さがそれぞれ八〇センチで、黄金で覆われた装飾が施されていたといいます。また、箱の下部には四つの脚がつけられていたとされます。

持ち運ぶ際には取り付けた棒でかつぐ形となり、運ぶ姿まで含めて、日本の神輿にそっくりです。この棒は抜かれることはありませんが、同様に日本の神輿の棒も抜かれず、祭りが終わってもそのままの形で蔵に安置されます。

さらに、箱の上部には智天使（ケルビム）の黄金像二体が向かい合って据えられており、これもまた神輿の上を飾る黄金の鳳凰《ほうおう》の飾りと一致します。

古代イスラエル人が集団で移動するときには、祭祀を司るレビ族が契約の箱を肩に担ぎ、鐘や太鼓を鳴らして騒ぎ立てたようです。日本の祭りにおける神輿巡行とそっくりです。

このように、契約の箱と日本の神輿との類似性は、偶然とは考えられません。

なお、日本の神輿の最古の起源は、七二〇年、奈良時代の第四十四代・元正天皇の時代に九州南部の隼人《はやと》が大和朝廷に反旗を翻した「隼人の乱」と関係しています。朝廷が、現在の大分県宇佐市にある宇佐八幡宮に勅使を出して乱の鎮圧と隼人の征伐を祈願したところ、八幡神から神託が降りて作られたのが記録上、最初の神輿であるとされています。

宇佐八幡宮とは八幡社の総本宮であり、秦氏とつながりの深い古社です。かつて秦氏はこの地域を本拠地にしていたとされます。中国の歴史書『隋書』に登場する「秦王国」をこの地に比定する説もあります。

つまり、神輿という概念は、ユダヤ人である秦氏がイスラエルから日本に持ち込んだ可能性が非常に高いと言っていいのではないか。

その後、東大寺を建てた第四十五代・聖武天皇時代には、今の神輿の原型といえる形になり、平安時代に移ると各地で神輿が作られていきました。

インドの祇園精舎の祭りと祇園祭は瓜二つ

祇園祭の山鉾にはインドの仏教からの影響も見られます。

例えば、祇園精舎一帯では、「ラタヤートラ」という夏の大祭の際に山車を繰り出します。祇園祭にそっくりなのです。ただし、現在のインドでは仏教はほとんど残っておらず、ヒンドゥー教が広く信仰されているため、ヒンドゥー教寺院の祭りとして行われています。

インド・オリッサ州の町プリーで開催されたラタヤートラ（2003年）

インドのマハトマ・ガンディー大学やパンジャブ大学で教授を務め、現地に長期滞在した前田行貴《ぎょうき》氏の著書『蓮と桜――日本文化の源流インド』（蓮河社）には、インドの祭りと祇園祭の類似点が挙げられています。

夏の大祭であること、山車の形状、民衆が山車を引いて巡行すること、さらには御旅所《おたびしょ》に一週間とどまること……などが瓜二つであるというのです。これもまた、インドにやってきたユダヤ人の影響と思われます。

特に山車の形状などは、インド風に変化した造形が仏教を経由して祇園祭の山鉾に強く影響したように思われます。こうしたアジアにおける古代からの豪華な祭りには、ユダヤ人たちが資金を出していたのかもしれません。

このように、イスラエルやインドの文化や思想が混在する形で形成された祇園祭は、その当初は疫病などの災難を除く祭りであると同時に、秦氏など渡来したユダヤ人たちがエルサレムへの帰還を祈る祭りとして執り行われていたと考えられます。

しかし、秦氏が日本への同化を深め、ユダヤ人という意識が薄れていくと、祇園祭の本来の意味も次第に忘れられていきました。その結果、疫病などを除く祭りであるという形式だけが残ったものと思われます。

それでもなお、西方など遠い異国から来た祭りであるという記憶が消えたわけではないために、『旧約聖書』の内容をモチーフとしたベルギー製のタペストリーや、シルクロードを行くラクダの隊商を思わせるような織物が山鉾に採用されているのでしょう。

「秦」の語源はユダヤかパトリアークか

ここで、秦氏という呼称の由来についても触れておきましょう。

平安時代の史書『古語拾遺』には、秦氏の「秦」は当初「ハダ」と発音していたと記されています。

貢絹綿軟於肌膚故訓秦字謂之波陀
仍以秦氏所貢絹纏祭神劔首
今俗猶然所謂秦織機之縁也矣

これを現代語で読み下すと、「(秦氏の)貢いだ絹綿は肌に軟らかく、ゆえに秦の字をハダと読む　よって秦氏の貢ぐ絹をもって祭神の剣の柄を巻いている　今、俗に『秦の織機』といわれることのもともとの縁である」という意味になります。

ここで注目したいのが、イスラエル十二支族の一つ「ユダ族」の「ユダ」がヘブライ語の発音では「イェフダ」になることです。ユダ族の居住地域は「ユダ」「ユダヤ」と呼ばれていたことから、ここからユダヤ人という呼称が生まれました。

そこで、日本に渡来した秦氏が自分たちを「イェフダ」と呼び、それが「ハダ」に転訛した可能性があります。彼らの作る絹が肌に軟らかなことの連想から、「ハダ」という名は日本人にとっても覚えやすかったのでしょう。

また、「日本とユダヤのハーモニー&古代史の研究」(https://www.historyjp.com/) というウェブサイトにも興味深い説が紹介されています。

それによると、『旧約聖書』の「創世記」に登場するアブラハム、イサク、ヤコブといった古代イスラエルの族長たちは、ギリシャ語で「パトリアーク」と呼ばれており、そこからキリスト教で、「パトリアーク」は「司教」の意味で使われるようになったとのことです。そして、キリスト教ネストリウス派が中国に入って形成された景教で、パトリアークには「波多力」の漢字が当てられたといいます。

一方、平安時代初期の氏族名鑑である『新撰姓氏録《しんせんしょうじろく》』には、秦氏が第十六代・仁徳天皇より姓を賜った際の記述があり、ここで「ハタ」は「秦」ではなく「波多」と書かれています。つまり景教でイスラエルの族長や司教を意味する「波多力」がそのまま使われているのです。

以上の点から、「秦」の語源はユダヤである可能性があること、また景教でイスラエルの族長や司教を意味する言葉から来ているかもしれません。いずれにせよ、ユダヤとつながりのある言葉であることは間違いないでしょう。

ネストリウス派寺院が「大秦寺」になった理由

では、当初は「秦」が使われていなかったのかというと、そうではないはずです。のちに秦氏と呼ばれることになる弓月の民は、弓月君《ゆづきのきみ》に率いられて日本に渡来した際、秦の始皇帝の末裔を名乗ったのですから、まずはここで「秦」が登場しています。

また、中国ではローマ帝国を「大秦」と表記するため、そこからやってきたユダヤ人を「秦氏」と呼びました。中国では外国人に対しても漢字の名をつける習慣があったわけです。

なお、中国の景教寺院は当初、ペルシャを意味する「波斯」という漢字をつけ、「波斯寺」と呼ばれていました。しかし、八世紀中頃に東ローマ帝国（大秦国）からネストリウス派の高僧がやってきたことを機に「大秦寺」と呼ばれるようになります。

こうしたことから、秦氏の秦と書くときに、「波多」も「秦」も使われていたと思われます。外来の言葉を日本語で表記する際に複数の当て字が生じるのは珍しいことではありません。

なお、秦氏とつながりの深い八幡宮の「幡」には、仏菩薩の威徳を示す目的で、仏教寺院を飾る布という意味もあります。

「幡」は梵語「パターカー」の訳語であり、「ハン」「バン」とも読みます。一方、平安時代中期の辞書『和名類聚抄《わみょうるいじゅしょう》』には「ハタ」という読み方が紹介され、万葉仮名で「波多」と記されています。

「パターカー」という梵語の響きが、ユダヤ教の族長を意味する「パトリアーク」に似ていることも含め、「パターカー」もまた秦氏とのつながりを思わせる言葉だといえます。

新羅はユダヤ人が日本渡来の準備をする拠点だったか

ところで、先に触れた通り、八坂神社の社伝では牛頭天王とスサノオが同一視されており、新羅の牛頭山に座していたスサノオを高麗（正確には高句麗）の使者・伊利之《いりし》が、平安京の東、八坂郷に奉斎したのが八坂神社の始まりとされています。

これは同社の社伝の中だけの話ではなく、『日本書紀』でも伊利之の来朝や、高天原を追放されたスサノオが新羅国の曽戸茂梨《そしもり》に降り、そこから息子の五十猛《いそたける》とともに出雲へ向かったことが記されています。

　また、『新撰姓氏録』の山城国諸蕃《しょばん》（京都在住の渡来系氏族の意）の項には、渡来系の八《や》坂造《さかのみやつこ》について、その祖先を「狛《こま》国人（高麗人）」の「仕留川麻乃意利佐《しるつまのおりさ》」であると記しています。この「意利佐」とは八坂神社社伝の「伊利之《いりし》」と同一人物と考えられます。

　これらの記録では、朝鮮半島の当時の国名が複数出てきます。しかし、東へ東へとユーラシア大陸を移動してきたユダヤ人にとって、朝鮮半島とは日本へ渡る際に通る廊下のような位置付けであることを理解しなければなりません。

　特に、スサノオが新羅に降りたという『日本書紀』の記述は、そこが日本に来る前の単なる通過地であることを強調した記述だといえます。

　ただ、廊下とはいえ海を越えて日本へ向かおうとするユダヤ人にとって、朝鮮半島が一大拠点となっていたのも事実です。

　シルクロードの起点であるローマ帝国は、漢字表記では「羅馬」であり、一文字で「羅」と表すこともあります。そこで、新羅とは「新しいローマ」という意味になり、ローマからやってきたユダヤ人が日本に渡る準備を整える拠点のような場所であった可能性があるでしょう。

　新羅に、ユダヤ人商人が持ち込んだと見られるローマ文化が浸透していたことについては、第1章（五六ページ）で詳しく述べました。

そういうわけで、古代の朝鮮半島から日本に渡来した伊利之やスサノオもまた、秦氏のように渡来したユダヤ人であったと考えるべきでしょう。

伊利之の子孫は、代々八坂造となって八坂神社の社家を務めました。のちに公卿《くぎょう》（国政を担う上流貴族）の紀百継《きのももつぐ》が婿養子として継承しました。八坂造氏と紀氏は統合されて紀姓を名乗るようになりました。

また、伊利之の子孫の鳥井氏、栄井氏、吉井氏は「宿禰《すくね》」の姓《かばね》を、日置氏、和氏は「造」の姓《かばね》を賜ります。山城（京都市とその周辺）、大和（奈良盆地）、摂津（大阪府北中部・兵庫県南東部）、河内（大阪府東部）などの地で繁栄しました。

草薙剣の献上はスサノオの恭順の印か

祇園精舎の守護神とされる牛頭天王は神仏習合の考え方に基づき、スサノオと同一視されます。祇園社（八坂神社）でもスサノオとともに祀られました。

さらに、牛頭天王は薬師如来の垂迹《すいじゃく》（衆生救済のため世に現れる化身）とされたため、八坂神社の境内には薬師如来も祀られています。

しかし、スサノオがなぜ祇園精舎の守護神である牛頭天王と結び付いたのかは、どうしても釈然としません。一般的に知られている歴史解釈ではどうしてもそこが解けないのです。

一方、私はこれまで、スサノオが日本の皇統の神々とは異なる行動原理を持つことに注目してきました。そこに、ユーラシア大陸西方の騎馬民族系の影響を見出したのです。

さらに、古墳時代の墳墓から多数の馬の埴輪とユダヤ人の特徴を持つ埴輪が出土していることも踏まえ、スサノオは古代日本に渡来したユダヤ人の系譜に連なる者であろうと考えています。

それを前提として「スサノオ＝牛頭天王」の同一視について検討すると、まず関心を引くのが、牛の頭を崇める風習が、イスラエルのカナンの地に存在したことです。まさに「牛頭」なのです。

牛頭は日本では「ごず」と読みます。この音をヘブライ語で表記すると「גזל」（アルファベット表記でｇｚｌ）となります。ヘブライ語の表記には母音がないため、「ガゼラ」とも「ゴゼル」とも発音できます。意味は「略奪」です。

略奪はもちろん現代の観点からは、たとえ戦時であっても犯罪とされる行為です。しかし、故郷なき流浪の民であるユダヤ人にとっては生存手段の一つであり、他民族に対する優れた略奪者であることはむしろ称賛の対象となりました。

イスラエル王国の滅亡を予言したとされるイザヤは、アッシリアの大軍により国が亡びる間際に家族とイスラエルの民を連れて脱出し、次男に「マヘル・シャラル・ハシュ・バズ」と名付けます。これは「急いで略奪し速やかに捕獲する者」という意味です。

民族の救世主として優れた略奪者になれ、という思いを込めた名前です。民族の救世主として優れた略奪者であることを期待したのでしょう。

記紀には、スサノオが高天原を奪いに来たとアマテラスに疑われる場面があります。スサノオは、誓約《うけい》というある種の占いで、いったんはその疑いを晴らしますが、馬の皮を生きたまま剥《は》いで部屋に投げ入れたり、田畑を破壊したりと蛮行を働きます。

つまり、スサノオは、古代日本の関東・東北にかつて存在した高天原（＝日高見国）への略奪者として振る舞ったのです。この蛮行の内容は高天原で犯した罪ということで、神道の祝詞『大祓詞』に「天《あま》つ罪」として挙げられています。温厚な原日本人にとっては、祝詞に取り上げられるほど衝撃的な出来事だったのでしょう。

高天原を追放されたスサノオは、最終的には出雲へたどり着き、そこで退治した八岐大蛇の尾から取り出した草薙剣《くさなぎのつるぎ》をアマテラスに献上します。

これは、略奪者であったスサノオが自然信仰の国である日本に同化し、原日本人による社会秩序への恭順を示した姿を表すものと解釈できます。

スサノオを牛頭天王と同一視し、八坂神社に祀るようになった背景には、当時の平安京で多大なる影響力を持っていた秦氏の働きかけがあったものと思われます。ヘブライ語を知っている秦氏は、スサノオにあえて「牛頭＝略奪」の名を与えることで、日本における渡来ユダヤ人たちのそれまでの行為を悔い改めさせ、原日本人たちとの闘争の歴史に終止符を打ったのではないか。

八坂神社の創建には渡来系の八坂造氏が関わっていることはすでに述べましたが、実際には秦氏が事実上の創建者であると私は考えています。

牛頭天王と蘇民将来

『祇園牛頭天王御縁起』という書物には、牛頭天王の本地仏（化身である牛頭天王のもとである仏）は東方浄瑠璃世界（東方の浄土）の教主・薬師如来であり、十二の大願を発し須弥山《しゅみせん》中腹にある豊穣国の武答《ぶとう》天王の太子として垂迹したとされています。この「豊穣国」は日本のことであるというのが私の考えです。

牛頭天王は七歳にして身長が七尺五寸（約二・二メートル）もあり、頭には三尺（約九〇センチ）

の赤い角があったそうです。醜い容姿のせいで、長じても妃を娶《めと》ることができず、酒浸りとなりました。しかし、狩りをしていると一羽の鳩が現れ、妃となるべき龍王の娘のもとへ案内すると言われます。

そこで、牛頭天王は眷属を引き連れて出立します。途中、古単《こたん》将来《しょうらい》という長者に宿所を求めますが、けちな古単からは断られたため、その兄である蘇民《そみん》将来《しょうらい》を訪ねたところ、そこでは歓待されます。

そのもてなしに感謝した牛頭天王は、願いごとがすべてかなう「牛玉」という玉を授け、蘇民将来は富貴の人となります。

龍宮で龍王の娘と結婚し八年を過ごし、八人の王子をもうけた牛頭天王は、豊穣国への帰途に再び蘇民将来の家に宿をとり、古単将来の家には八万四千の眷属を差し向けて災いをなそうとします。古単将来は相師（易者）の占いに基づき、自分を守らせるため千人の僧に大般若経を読経させますが、一人の僧が居眠りしていたために結局、古単将来の眷属五千余はことごとく蹴り殺されてしまいます。

これと似た話は複数の書物で見られます。そこでは武答天王に当たる武塔天神（武塔神）は牛頭天王やスサノオと同一視されています。

例えば、『備後国風土記逸文』では、北海の神である武塔神が嫁取りのため南海に訪れたときに将来兄弟に会い、厚遇してくれた兄は見逃し、冷遇した弟を殺してしまいます。この話の中で、武塔神は自らスサノオであると名乗っています。

一方、『釈日本紀』には、「祇園を行疫神《ぎょうやくじん》となす武塔天神の御名は世の知る所なり」と述べられています。このことからも、武塔天神と牛頭天王が同一視されていたことがうかがえます。また、初期の祇園社は武塔天神を主に祀る社と見なされていたこともわかります。

祟れば疫病を流行させるが、手厚く祀れば災難を遠ざける牛頭天王

宿泊を断られたとはいえ、牛頭天王、あるいは武塔天神の復讐は行きすぎています。しかし、ユーラシア大陸の騎馬民族や略奪を生存手段としてきた古代のユダヤ人にしてみれば、そこまで突飛な内容ではないのかもしれません。

一方、農耕民の多い日本人的な考え方ではどうしても、牛頭天王の行動は残忍すぎるのではないかと思ってしまいます。

こうした牛頭天王の行状は、高天原で蛮行を働いたスサノオにも通じるところがあります。この二神が同一視されたのも理解できます。

蘇民将来子孫家門の札をつけた注連縄

ところで、宿泊を断った古単将来（他の伝承では巨旦将来とも）の一族を殺戮する中で、蘇民将来の娘には茅の輪を付けさせて目印とし、それ以外の者が殺されました。その後、牛頭天王は、茅の輪を作って赤く染めた絹の房を下げ、「蘇民将来之子孫なり」との護符をつければ末代までも疫病を避けられるとする除災の法を教えたとされています。

ここで注目すべきは、牛頭天王が疫病を司る疫病神としての性格を持っていることです。

スサノオも同様に疫鬼《えきき》の総元締めとされています。祇園祭では山鉾の巡行で追い立てられた悪霊や疫鬼が蘇民将来のいる祇園社へ追い立てられ、そこでスサノオの霊威によって鎮圧されると考えられました。

また、祇園祭では、それぞれの山鉾で厄除けのちまきが人々に授与される風習があります。そのちまきには「蘇民将来之子孫也」と記された護符がついています。このちまきを家の玄関に飾るとスサノオがもたらす厄災から逃れられると言い伝えられています。

牛頭天王（＝スサノオ）は、正しくもてなせば疫病から守ってくれるが、粗末に扱うと逆に疫病を振りまく神と見なされていたのです。

例えば、八坂神社の社伝には、八七七年に疫病が流行したので占ったところ、「東山の小祠の祟り」と判明したという話が記録されています。これに対し、勅使を派遣して祈らせたところ、疫病の流行がやんだとあります。ここにいう「東山の小祠」こそが現在の八坂神社です。祟れば疫病を流行させるが、手厚く祀れば災難を遠ざけるということで、祇園社は信仰を集めるようになります。疫病流行からわずか二年後の八七九年には第五十七代・陽成天皇より、堀川の地十二町が神領地として寄進されました。また、同地の材木商人三百六十人が神人《じにん》（下級神職）に任じられています。

さらに、九九五年には王城鎮護の社として尊崇《そんすう》された二十一社（のち二十二社）に数えられ、一〇七〇年の太政官符《だいじょうかんぷ》（太政官が発令する行政文書）には、「東は白河山、南は五条（松原）以北、西は鴨川、北は三条以南」で囲まれた広大な土地が境内地として定められました。

蘇民将来説話とイスラエルの過越祭はそっくり

蘇民将来の話は、実はイスラエルの「過越祭《すぎこし》」の内容によく似ています。

『旧約聖書』の「出エジプト記」には、エジプトで奴隷となり苦しんでいたイスラエルの民の指導者として神がモーセを任命して、約束の地カナンへ導こうとする場面があります。しかし、ファラオ（エジプト王）の妨害にあったため、神はエジプトに対して「十の災い」をもたらします。

そのうち十番目の災いが、人間から家畜に至るまで、エジプトの「すべての初子を撃つ」というものでした。そこからユダヤ人だけを除外するため、家の入り口の柱に子羊の血が塗られていない家にだけ災いをもたらすことをモーセに伝えます。

つまり、事前に目印として家の入り口に血を塗ったイスラエルの民だけが、神の裁きを過ぎ越されたということです。これを由来として、ユダヤ教では過越祭が祝われるようになりました。

目印のある家だけが災厄から見逃されるという点は蘇民将来の話とそっくりです。おそらく、この過ぎ越しの話が日本に渡来したユダヤ人によって伝えられ、神が牛頭天王に、モーセが蘇民将来に置き換わったのでしょう。

蘇民将来の「蘇民」という言葉は、そのまま解釈すれば「民が蘇る」という意味です。これは、エジプトで奴隷となって苦しんでいたイスラエルの民の誇りを蘇らせることを連想させます。

こうしたことから、祇園祭とは平安京を作った秦氏が日本に同化していく中で、ユダヤ人としての歴史を忘れず記憶にとどめておくための祭りでもあったといえるでしょう。

それは、ユダヤ人たちが「ディアスポラ」と呼ばれる流浪を長年続けてきた民であることに深く結びついています。

大陸で、彼らは民族として集まって祭りをする場所がありませんでした。しかし、渡来した地に同化して定住を成し遂げ、貢献に応じて相応の地位も与えられた日本では、祭りをすることが可能になったのでしょう。

同化ユダヤ人と日本人はともに祭りを楽しんだ

縄文時代の原日本人は、高天原（＝日高見国）という国家を樹立してからも、毎日肉眼で見ている太陽や自然などを神格化した神以外は信じませんでした。概念的な神というものを一切持たなかったのです。当然、渡来したユダヤ人のもたらしたヤハウェという神のことも理解できません。

八坂神社にしても、その背後にある比叡山への山岳信仰・自然信仰的な崇敬はあっても、この地へユダヤ人が持ち込んだヤハウェへの信仰やエルサレムへの憧憬は理解できなかったはずです。

秦氏が造り、エルサレム（＝平安京）と名付けた都に住んでいてなお、日本人にとって概念的な神についてはわかりませんでした。それは、ユダヤ教が民族に基づく民族宗教であるからです。どうしてもユダヤ人でなければ理解できない部分があるのです。

一方、神道は地域の共同体に根差す宗教ですから、その信仰が民族を問うことはありません。仏教も釈迦という個人に発する教えですから、民族を問うことはありません。

日本における仏教は、神道との相性のよさから共存するか、あるいは神仏習合という形での融合が進みました。

日本でユダヤ教が普及しなかったのは、そもそも渡来したユダヤ人たちが、日本でほとんど布教しなかったからです。

『旧約聖書』の最初の部分は「モーセ五書」あるいは「トーラー」と呼ばれます。これが日本で転じて「虎の巻」になったという説がありますが、そのトーラーの内容そのものは古代の日本には伝わっていません。

彼らユダヤ人たちは、ときとしてエルサレムへの憧憬を示し、祭りなどの形でそれを表現することはあったでしょう。しかし日本人に信仰を押し付けるようなことはなかったのです。

一方で、日本人はユダヤ人の儀式や祭祀を尊重しました。それは秦氏に代表されるユダヤ人たちが日本のために貢献してくれたことを知っていたからです。

ユダヤ人たちもまた日本人の懐《ふところ》の深さに心打たれたでしょう。祇園祭はエルサレムへの帰還を祈る祭りでしたが、故国への憧憬を募らせることはあっても本当に帰還しようとはしませんでした。

祇園祭の儀式の荘厳さに身を委ねていても、故国の記憶や苦しい流浪の記憶を必要以上に呼び起こすことなく、あくまでも共同体の一員として、日本人とともに祭りを楽しんだのです。

彼らはユダヤ人としてのルーツは記憶しつつも、心はすっかり日本人になっていました。先に触れたように、私はこうした彼らを同化ユダヤ人と呼んでいます。

秦氏もその他の渡来ユダヤ人も、そのようにして同化を進めていった結果、祇園祭に込められた本来の意味も次第に忘れられていったはずです。それでも、山鉾の前懸に『旧約聖書』のモチーフが用いられるなど、肝心なところは今なお継承されているのです。

天皇や将軍からも崇敬を寄せられる

祇園社は代々摂政家を務める藤原氏の崇敬を受け、九世紀に藤原基経《もとつね》が寄進した自身の邸宅が祇園社の精舎となりました。藤原氏の権力を確立した藤原道長もたびたび参詣し、祇園社の地位は次第に高くなっていきました。

天皇もまた祇園社を尊重し、例えば第六十四代・円融天皇は九七五年六月十五日に馬や御幣を祇園社へ奉りました。これ以後、祇園臨時祭《ぎおんりんじさい》が六月十五日に継続執行されるようになります。この祭りでは朝廷から奉幣使が遣わされました。

また、九九五年には祇園社は王城鎮護の社として尊崇された二十一社のうちの一社となり（のちに二十二社となる）、一〇七二年には第七十一代・後三条天皇が行幸《ぎょうこう》しています。これは祇園社への初の天皇行幸であり、これ以降、天皇や上皇の行幸・御幸《みゆき》はたびたび行われました。

祇園社は武家からも崇敬を集め、平清盛は田楽を奉納、源頼朝は狛犬を奉納しています。また、足利将軍家は社領の寄進と社殿の修造を行い、同社の社務執行は将軍家代々の祈祷も務めました。

その後も、豊臣秀吉は母・大政所《おおまんどころ》の病気平癒を祈願して、焼失していた大塔を再建し、一万石を寄進。江戸時代には徳川家も祇園社をあつく信仰し、第四代将軍・家綱は多くの神宝類を寄進して社殿を造営します。この社殿は現在も残っています。

このように祇園社（現在の八坂神社）が日本の指導的立場に立つ人々の崇敬を引き寄せたのは、秦氏に代表されるユダヤ人たちが日本へ多大な貢献をしたことを知ったからかもしれません。

最後の第4章では秦氏による文化的貢献のうち、今なお日本の伝統芸能で存在感を発揮し続けている「能」について、あまり知られていないユダヤと関係する側面について解説しましょう。

第4章

能に引き継がれるユダヤ文化

能は日本の伝統文化の精髄

能は日本文化の演劇的表現における頂点の一つです。能では、御霊《ごりょう》信仰、自然信仰、仮面劇がうまく折り合って表現されており、これは日本独自のものといえます。能とはまさに日本の伝統文化の精髄と言っていいでしょう。

能が発展した室町時代には、能や狂言の他に茶の湯など、身分を問わず寄り集まって楽しむ文化が興りました。和歌もその一つで、上の句を受けて別の人が下の句を作ってつないでいく連歌《れんが》が流行しています。

和歌というと高貴な身分の者がたしなむという印象があるかもしれませんが、実際には村の寄合などでも連歌が盛んに行われていました。そうした庶民の社交における文芸の遊技化は世界に類を見ないことであり、日本人の文化的資質の高さを示すものといえるでしょう。

平安時代までは和歌が盛んに行われ、鎌倉時代からは専門の演劇者集団による芸術表現が活発になります。舞台で華やかな衣装をまとい、お面をかぶって舞いや歌を披露する芸能者が多数出現したのです。

その背景には仏教の大衆化があるというのが私の考えです。

鎌倉時代には、浄土宗などたくさんの仏教宗派が生まれます。室町時代には〝七福神〟という形で神仏を崇敬する、ある種のご利益《りやく》信仰も盛んになりました。

そうした即物的な信仰が現れる一方で、秦氏系の人たちを中心に、魂や霊、神とのつながりを求める機運も生じてきます。秦氏系の人たちの精神性や芸術性により、新しい舞台演劇が発展していったわけです。

西方の「散楽」から日本の「猿楽」へ

能と狂言は猿楽《さるがく》から発展しました。

猿楽は、奈良時代に「散楽《さんがく》」という形で大陸から伝わった娯楽性の高い民間芸能の総称です。具体的には、器楽、歌謡、舞踏、物まね、曲芸、奇術などの芸を見せるものでした。

散楽の起源は西方の諸芸能であるというのが定説です。ギリシャ、ローマ、西アジア、中央アジアなどの芸能がシルクロード経由で中国に持ち込まれたものと考えられています。当然、散楽の伝播にはユダヤ人も関わっていたはずです。

大宮八幡宮（兵庫県三木市）で行われた鬼追い式（2010年）

正倉院の宝物《ほうもつ》の一つで、弓の形をした遊戯具「墨絵弾弓《すみえのだんきゅう》」の内側には、「散楽図」として芸を披露する人々が描かれています。西方からやってきた楽士《がくし》も描かれており、散楽のルーツが散楽図からもうかがえます。

六世紀頃に、雅楽と同時期に日本へ入ってきた散楽は、雅楽と同様に朝廷の保護を受けます。雅楽寮《ががくりょう》の中に設けられた散楽戸《さんがっこ》で、散楽師の養成が行われました。散楽師の養成には秦氏が尽力したといわれています。

七八二年に散楽戸が廃止されると、散楽師たちは各地に散らばって寺社の祭礼で芸を見せたり、巡業を行ったりするようになります。その結果、それぞれの地域における芸能として土着化が生じます。

次第に、こっけいな物まねが中心になってくると「散楽」が転訛《てんか》して「猿楽」と呼ばれるようになります。なお、当時は「猿楽言《さるごうごと》」といえば「冗談」のことでした。

こうした猿楽が能に変化していくきっかけとなったのが、寺院での猿楽役者の活躍です。修正会《しゅしょうえ》や修二会《しゅにえ》といった法会《ほうえ》では、僧侶が悪鬼を追い払う内容の宗教演劇や、悪鬼を善鬼が追い払う追儺式《ついなしき》が行われましたが、これを猿楽役者が担うようになったのです。

さらに、そこから発展して老翁《ろうおう》姿の神が現れて祝福をもたらすという内容の舞い「翁猿楽《おきなさるがく》」を演じるようになりました。この翁猿楽は、現在の能で演じられている『翁《おきな》』につながっていきます。

猿楽は歌舞劇として発展していき、民間の農耕儀礼から生まれた楽器演奏と踊りを中心とする田楽も盛んに行われました。

能の始祖・秦河勝は聖徳太子の命で猿楽を演じた

平安時代から鎌倉時代にかけて流行した猿楽、それに田楽などの芸能を集大成した能を発展させたのが、室町時代の能役者である観阿弥《かんあみ》と世阿弥《ぜあみ》の親子です。

その世阿弥が書き記した『風姿花伝《ふうしかでん》』には、能の元祖は秦河勝《はたのかわかつ》であり、自分はその末裔であると書かれています。

世阿弥は『風姿花伝』の中で、聖徳太子が自身の彫った猿楽の面を秦河勝に与えて猿楽を演じさせた話を紹介し、これを能の始まりとしています。その箇所を引用してみましょう。

上宮太子、天下少し障りありし時、神代・仏在所の吉例に任《まかぜ》て、六十六番の物まねを彼《かの》河勝に仰《おお》せて、同じく六十六番の面を御作《ごさく》にて、則《すなわち》川勝に与え給ふ。橘の内裏紫震殿《だいりししんでん》にてこれを勤ず。天下治まり、国静かなり。

天下が乱れた際に聖徳太子が「六十六番の面」を作って秦河勝に与え、「六十六番の物まね」を演じさせたところ天下が治まったという内容です。豪族の前で諸国安定のため、秦河勝に六十六個の物まねを演じさせたのでしょう。

六十六というのは当時の律令国の数です。京都の祇園祭の起源となった神泉苑での八六九年の御霊会で、六十六本の鉾《ほこ》を立てたのと同じ発想です。

秦河勝は聖徳太子の命により新たな芸能文化を作り出しました。それは神を楽しませると同時に人を楽しませるものです。

つまり、宗教的というよりは文化的なものを作ろうとしたのでしょう。

猿楽のアメノウズメ起源説と秦氏

『風姿花伝』には、猿楽の起源を秦河勝とする話と並行して、神話の時代のアメノウズメ（天宇受賣）を起源とする話も記されています。民俗学者の折口信夫《おりくちしのぶ》が、猿楽の発祥をアメノウズメであると述べているのも、『風姿花伝』をもとにしたものでしょう。

猿楽が散楽から芸を継承したのは確かであるとして、そうした芸を楽しむ精神性は遠く神代にまでさかのぼるという意味で、『風姿花伝』はアメノウズメ起源説を記したのかもしれません。

記紀でアメノウズメは、天岩戸《あまのいわと》に隠れたアマテラスを外に誘い出すため裸体で舞った女神として描かれています。

槽の上で舞うアメノウズメ（宮崎県高千穂町・天岩戸神社）

その舞いは、うつぶせにした槽《うけ》（特殊な桶《おけ》）の上に乗り、背をそり、胸乳《むなち》をあらわにし、裳《も》のひもを女陰まで押し垂らし、低く腰を落として足を踏みとどろかせたと説明されています。八百万《やおよろず》の神々はこれを見て大笑いしました。

体を包む着物の美しさを際立たせる猿楽や能、歌舞伎などに対し、アメノウズメの舞いは肉体の美しさを表現するものです。これは、インドや中東の舞踊、西洋のバレエなど西方の影響を感じさせます。アメノウズメが渡来したユダヤ人であるからでしょう。

アメノウズメの子孫は「猿女君《さるめのきみ》」と呼ばれて朝廷祭祀に携わるようになります。またアメノウズメの末裔とされる稗田阿礼《ひえだのあれ》は『古事記』の編纂者として歴史に名を刻んでいます。

しかし、「稗田」は珍しい姓であり、古代氏族の名鑑『新撰姓氏録』には氏族としての記載はありません。

「はた」「はたけ」「はだ」など、「〜た」「〜だ」がつくハ行で始まる姓は秦氏とのつながりが考えられるので、「稗田」も秦氏である可能性があります。

猿楽の祇園精舎起源説と秦氏

さらに、『風姿花伝』には、仏在所（＝インドの祇園精舎《ぎおんしょうじゃ》）での出来事に猿楽の起源を求める話も記されています。

一、仏在所には、須達長者、祇園精舎を建てて供養の時、釈迦如来、御説法ありしに、提婆、一万人の外道を伴ひ、木の枝・篠《ささ》の葉に幣を付て踊り叫めば、御供養のべがたかりしに、仏、舎利弗に御目を加へ給へば、仏力を受け、御後戸《うしろど》にて、鼓・唱歌をととのへ、阿難の才覚・舎利弗の智恵・富楼那の弁説にて、六十六番の物まねをし給へば、外道、笛・鼓の音を聞きて、後戸に集まり、これを見て静まりぬ。その暇に、如来供養を伸べ給へり。それより、天竺にこの道は始まるなり。

これは、祇園精舎における釈迦の説法が、提婆達多《ダイバダッタ》の率いる異教の集団に妨害されたため、仏弟子が「六十六番の物まね」をしたことを猿楽の起源とする話です。

『賢愚経《けんぐきょう》』という経典の話を下敷きにして創作された起源譚であると思われますが、秦河勝の末裔を称する世阿弥がこれを記したという点が重要です。

「天竺にこの道は始まるなり」とあるように遠くインドに起源を求めているからです。世阿弥の頭には「祇園」が「シオン（＝エルサレム）」と重なるという考えが浮かんで、この起源譚を記したのかもしれません。

秦河勝はサルタヒコと同一視された

のちの能につながる猿楽の祖とされる秦河勝は、翁《おきな》神の化身として神格化されています。その翁神は記紀に登場するサルタヒコ（猿田彦）とも同一視されています。

秦氏は、伏見稲荷大社を創建したことでも知られます。その五柱の祭神には稲荷神であるウカノミタマ（宇迦之御魂）と並び、サタヒコ（佐田彦）という神名が見られます。

このサタヒコはサルタヒコの別名ともいわれます。秦氏とつながりの深い存在であると考えられます。

サルタヒコについては、アマテラスの孫に当たるニニギノミコトの天孫降臨の際、高天原と葦原中国《あしはらのなかつくに》の境界で一行を待ち受けていた話がよく知られています。

サルタヒコの風貌について『日本書紀』は、「口尻（口と尻あるいは口元）が明るく輝き、眼は八咫鏡《やたのかがみ》のごとく、照り輝ける色は赤酸醤《あかかがち》に似る」「鼻の長さは七咫《あた》（約一メートル二十六センチ）、背の高さは七尺あまり（約二メートル二十センチ）まさに七尋《ななひろ》（尋常ではない）というべし」と記しています。

神話的な誇張表現となっている点を差し引いても、日本人的な風貌でないのは明らかでしょう。目が輝き、鼻が大きいという描写は、まるで日本人がユダヤ系の人々を見たときの印象を綴っているようです。

秦河勝が翁神の化身であり、翁神がサルタヒコと同一視されたということは、「サルタヒコ＝秦河勝」となります。秦河勝もサルタヒコのようなユダヤ人と思わせる風貌だったということでしょう。

さて、記紀に戻りましょう。サルタヒコの異形に驚いた天孫降臨の一行はいったん高天原に後退しますが、今度はアマテラスの命によりアメノウズメが一行に同行して再出立します。ここで神代における猿楽の起源とされる、アメノウズメが登場します。

今度はアメノウズメがサルタヒコと対面します。『日本書紀』には「乳房を露わにして衣裳のヒモを陰部に垂らし、笑って相手と向き合った」と記されています。

サルタヒコはニニギノミコトらを迎えに来たことを伝え、天孫降臨の一行はその先導で無事に葦原中国に到着します。このエピソードは、故国を追われ離散したユダヤ人が長い歳月をかけてユーラシア大陸を横断してきた民族的な記憶と結びついたものでしょう。

その後、ニニギノミコトはアメノウズメに対し、サルタヒコを故郷へ送り届けた上で、その名をつけて仕えるよう命じます。以降、アメノウズメは「猿女」と呼ばれるようになりました。また、サルタヒコとアメノウズメは結婚したという民間伝承もあります。

さて、猿楽の起源の一つは、猿の仕草のような滑稽な舞いである「猿舞《さるまい》」であるともいわれます。猿舞は内裏と伊勢神宮の正月行事として、当初は実際に猿を使って猿回しが行っていました。その際、神宮の猿舞で猿回しの役に就いたのが秦氏です。

猿舞の発祥はサルタヒコの故郷とされる伊勢の地と考えられています。猿回しが住んでいたと見られる「猿飼」という集落の近くには、伊勢神宮内宮の別宮である瀧原宮《たきはらのみや》があります。猿舞はもともとこの宮で行われていたようです。

このように能の源流となった猿楽の起源はさまざまにいわれているわけですが、そのいずれにも秦氏の存在が直接的、あるいは間接的に関わっていたことは間違いないでしょう。

秦河勝が芸能文化の普及へ向かった事件

秦氏はかつて政《まつりごと》に深く関わっていました。

特に、欽明、敏達、用明、崇峻、推古朝に仕えた秦河勝は、平安京の中心である大内裏（天皇在所）の造営という大事業を成し遂げ、聖徳太子の側近としても活躍しました。聖徳太子が新羅から持ってきた弥勒菩薩半跏《はんかし》思惟像を賜り、その鎮座の場として太秦に広隆寺を建立しています。

秦氏の氏寺でもあるこの寺は、秦公寺《はたのきみでら》や太秦寺とも呼ばれます。広隆寺では弥勒菩薩半跏思惟像を蔵する他、聖徳太子を本尊として祀っています。

その秦氏が日本へ完全に同化しようと決めたのは、聖徳太子の死後、六四三年に山背大兄王《やましろのおおえのおう》一族が蘇我入鹿《いるか》によって皆殺しにされた後だと思われます。自分の身も危ういと悟った秦河勝は、舟に乗って赤穂（播磨）に逃げます。そこで最晩年を過ごしました。

第三十二代・崇峻天皇は母親が蘇我氏出身であったこともあり、蘇我馬子に推薦されて天皇に即位しました。その際、物部守屋《もののべのもりや》が即位させようとした穴穂部皇子は蘇我馬子により殺害されてしまいます。さらに物部守屋自身も、蘇我馬子により殺されてしまい、物部氏は没落します。

しかし、崇峻天皇は蘇我氏と対立し、天皇が嫌っていると疑った蘇我馬子は、東漢《やまとのあや》氏という渡来系氏族の人間を使って崇峻天皇を暗殺してしまうのです。

蘇我入鹿はネストリウス派キリスト教を日本に入れようとして、天皇暗殺という過激な行動をとりました。しかし、六四五年には中大兄皇子と中臣鎌足が宮中にて入鹿を暗殺する乙巳《いっし》の変が起こり、蘇我氏本宗家も滅ぼされます。

秦河勝はそれを見て、ユダヤの宗教を完全に捨て、日本的な神仏習合を受け入れることを決意したのでしょう。

結果的に秦氏は政治的・宗教的野心を離れ、藤原氏のもとで下級官僚として天皇家を支えるようになります。その一方で、芸能文化の普及へ力を注ぐことになります。それが猿楽や能の普及につながっていったのです。

蘇我氏の例は自業自得といえますが、渡来系の氏族が非常に優秀で高い位につくと、大きな反発を受けることはしばしばあったということでしょう。

例えば、秦氏系の土師《はじ》氏を出自とする菅原道真は右大臣にまで上りつめましたが、藤原時平の讒言《ざんげん》により大宰府に事実上の流刑となっています。最後には衣食住にも窮して非業の死を遂げました。

奇祭・牛祭の摩多羅神はユダヤ人か

秦河勝は晩年、兵庫県・赤穂の千種川《ちくさがわ》流域の開拓などに注力しました。そして現在の赤穂市坂越《さこし》で八十余歳で亡くなったとされています。

世阿弥の『風姿花伝』には、赤穂での秦河勝についてこう記されています。

摂津国難波の浦より、うつほ舟に乗りて、風にまかせて西海にいづ。播磨国坂越の浦に着く。浦人舟を上げて見れば、かたち人間に変れり。諸人に憑き祟りて奇瑞をなす。則《すなわち》、神と崇めて、国豊《くにゆたか》也。「大きに荒る丶」と書きて、大荒大明神と名付く。

ここで世阿弥は秦河勝を神格化しています。漂着した祟り神としての秦河勝を祀ることで豊穣がもたらされ、大荒大明神と呼ばれるようになったと述べています。

大荒大明神は大避《おおさけ》大明神とも呼ばれます。坂越にはこの神を主祭神とする大避神社がありま

上は大避神社（兵庫県赤穂市）。右は舞楽面・蘭陵王（愛知県一宮市・真清田神社所蔵）

す。

大避神社には雅楽の舞楽面「蘭陵王《らんりょうおう》」が神宝として伝わっている他、雅楽を伝承する宮内庁楽部の大絵馬が掛けられています。芸能文化との関わりの深さをうかがわせます。

この大避神社は地元で「猿楽の宮」とも呼ばれています。神域である生島《いきしま》という小さな島には秦河勝のものと伝えられる墓があります。

坂越浦の生島（兵庫県赤穂市）

牛祭（広隆寺、都年中行事画帖［1928年］国際日本文化研究センター所蔵より）

伝・秦河勝の墓（大阪府寝屋川市）

さらに、赤穂の千草川沿いには秦河勝を祀る大避神社が約三十社点在しており、秦氏が掘ったとされる金山もあります。坂越は秦河勝がやってくる以前から秦氏の拠点であったのでしょう。

秦河勝の墓とされる場所は大阪府寝屋川市にもあります。二〇二三年に私もそこを訪れましたが、わかりにくい場所にあるので見つけるのに苦労しました。墓の敷地には一六四九年に再建された高さ二・四二メートルの五輪塔が建っています。

墓は、秦山と呼ばれる寝屋川北岸の丘陵上にあり、秦河勝が治水や土地開発でこの地に貢献したことを示すのでしょう。この地域には「秦《はだ》」や「太秦《うずまさ》」といった秦氏ゆかりの地名も残っています。

一方、秦氏の本拠地である京都・太秦へ目を向けると、秦河勝が建立した広隆寺の東には大避神社と同じ読みとなる大酒《おおさけ》神社があります。秦始皇帝と弓月王、秦酒公《はたのさけのきみ》を主祭神とするこの大酒神社では、牛祭《うしまつり》という奇祭が近年まで執り行われていました。

これは、天台宗の常行堂守護神としても知られる摩多羅《またら》神の祭りです。この神もまた秦河勝と同一視されています。

牛祭では、三角鼻の紙面をつけた異形の摩多羅神が白衣をまとい牛に乗って登場します。同じく紙の面をつけた赤鬼と青鬼の四天王とともに境内とその周辺を一巡します。

摩多羅神が薬師堂で牛を降りて祭文を読み上げた後、神と鬼は堂内に駆け込みます。すると、それを合図に人々は厄除けになるとされる祭文や面を奪い合うのです。

鼻が強調された異形の摩多羅神は、ユダヤ人を思わせる存在と言っていいでしょう。

土蜘蛛や長髄彦もユダヤ系だった

能の原点とされるのが猿楽や田楽などで演じられた翁の芸能（翁舞）です。これは、長寿の

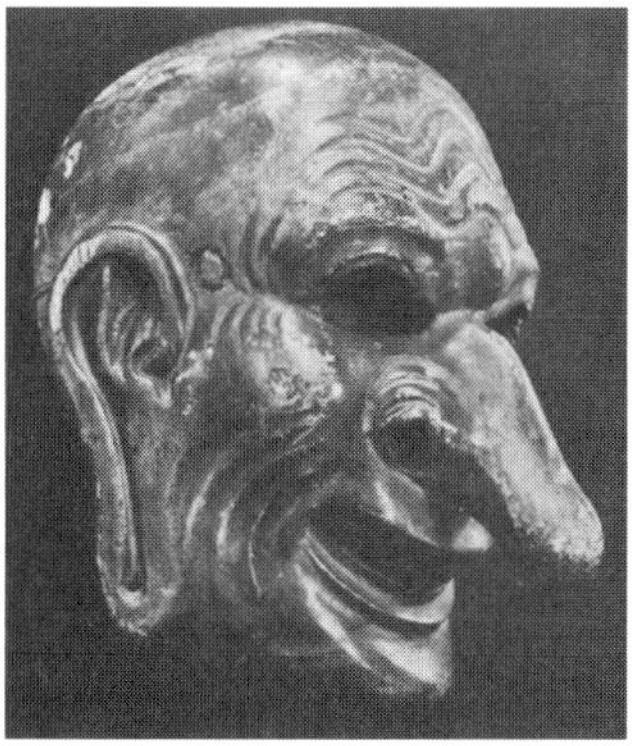

伎楽面・酔胡従（東大寺所蔵）

車大歳神社（兵庫県神戸市）の翁舞（2006年）

翁が人々の安寧を祈って舞う予祝《よしゅく》（前祝いによる祈願）として行われます。翁の面は他の能面に先立って鎌倉時代末には成立していたと考えられています。

能における『翁』は他の演目よりも宗教儀礼としての性格が強く、翁と三番叟《さんばそう》を演じる役者は観客の前で面をつけます。これは、人間が神がかりとなって神に変身する様子を表現したものとされます。

ここで、面について注目してみましょう。

翁面とは違いますが、東大寺などに残っている七〜八世紀頃の「伎楽面《ぎがく》」を見ると、どうにも日本人的ではありません。中国人や朝鮮人とも違う顔であり、西方から来ていることは間違いないでしょう。

これは、大陸からの芸能文化を持ってきて広めた人々が日本人ではないため、異国の人であることを隠すために面をかぶったのだと思われます。隠すけれど、同時に日本人とは違うことも暗に示したのでしょう。

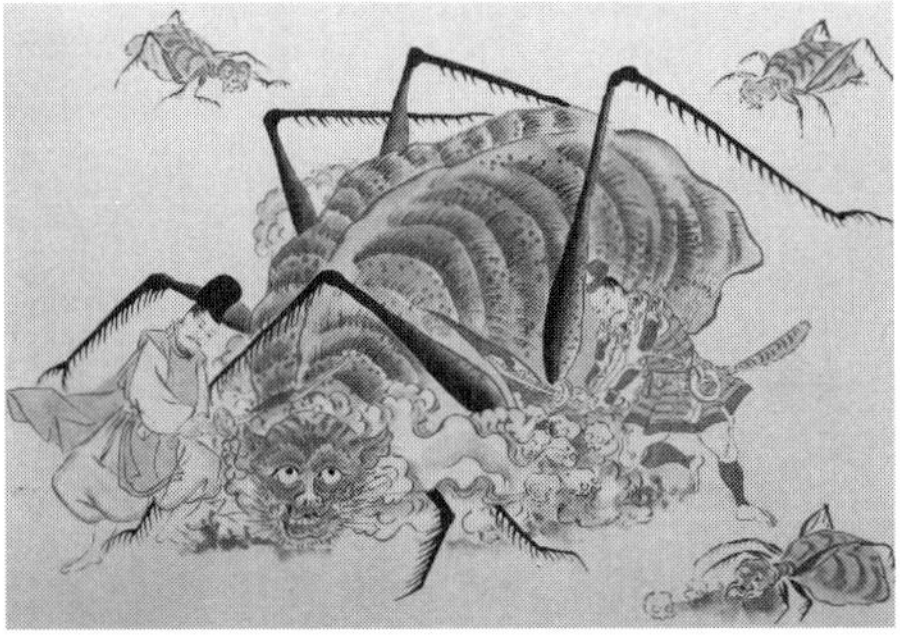

『土蜘蛛草紙』（14世紀）に描かれた土蜘蛛

特に男性の面は明らかに日本人とは違います。一方、女性の面はどれも切れ長の目をした白い顔つきであり、幽玄さを感じさせるものとなっています。

これは、イザナギとイザナミの神話ともつながっており、女性があの世的な存在であることを示しているのでしょう。あの世に行った恨みや悲しみを背負っていて、それが面にも表されているのではないでしょうか。

また、猿楽の面の中にも、特に古い時代のものに日本人とは思えない顔のものがあります。

秦河勝の顔が猿楽の面のような顔だったとは思いませんが、広隆寺にある秦河勝夫妻の像を見ると、やはり日本人的ではなく西方の人の面影が感じられます。

能には多くの鬼面がありますが、これも日本人とは異なる身体的特徴を持っていたユダヤ系の人々をデフォルメした表現だと思われます。

能の演目の一つ『土蜘蛛』でも、土蜘蛛が鬼面姿で登場します。土蜘蛛は大和朝廷に恭順せず敵対した古代の人々であり、出雲から大和に入った長髄彦《ながすねひこ》の同族として、ともに神武天皇と戦いました。

土蜘蛛という名や、〝スネが長い〟と書く長髄彦の名は、長い手足を持つユダヤ人を見慣れない原日本人がそのように表現したものでしょう。そして、高い鼻や彫りの深い顔つきがのちの鬼面につながったものと思われます。

ユダヤの習俗が能に引き継がれている

能楽面の研究者は、なぜ日本人の顔ではなく西方の人の顔を作ったのかわからないと頭をひねります。実際にその顔の人が日本にたくさんいたと考えればつじつまは合います。

秦氏に代表されるユダヤ人が、彼らの習俗であるペイオト（＝美豆良《みずら》）姿で日本に住んでいたから、その姿の埴輪が数多く出土するというのと同じ話です。

美豆良姿は七世紀には見られなくなりますが、それは第四十代・天武天皇がユダヤ系の氏族に日本への同化を促したからでしょう。決して強制したわけではありませんが、ユダヤ系の人々は同化の道を選び、やがてすっかり日本の社会に溶け込みました。

そのように美豆良が結われなくなってからも、例えば能の『三輪《みわ》』という演目では美豆良に

右は折烏帽子（画像は渡辺崋山筆・鷹見泉石肖像［部分］、東京国立博物館蔵）。左はユダヤ教のラビの帽子（画像は18世紀に活躍したラビ、イェフダー・アルカライ）

見えるような髪型にするという形で残っています。

また、神道の神官がかぶる冠や烏帽子《えぼし》も、ユダヤ教徒の黒い帽子が変化した可能性があります。ユダヤ教のラビ（聖職者）がシナゴーグ（会堂）に入る際に必ず黒い帽子をかぶるように、日本の神官も正装として冠や烏帽子をかぶります。また、公家らが朝廷に出仕する際にも冠は必須でした。

その根底にあるのは聖域では帽子をかぶるという思想です。能の世界でも「髷《まげ》隠し」という烏帽子を着けるのが正装となっています。

賀茂神社の葵祭に見る大陸的な民族性

秦氏は、日本人が宗教的なものとして執り行っていた祭りを芸能や文化として発展させました。日本人のまじめさや勤労の喜びといった精神性も、秦氏が文化として表現したことで連綿と継承されることになったといえるでしょう。

葵祭で、禊の儀に臨む斎王代（下鴨神社）

宗教はどうしても教勢が盛んになったり衰えたりします。政治権力との距離を誤れば弾圧されることもあります。しかし文化として受け入れられれば、弾圧されることもなく継承されていきます。

祇園祭や賀茂神社の葵祭《あおいまつり》も秦氏が文化として残したものの一つでしょう。宗教行事ではなく、祭りという人々にとって身近な行事になってしまえば、古代から継承されてきた精神性が残っていくことになります。

祇園祭についてはすでに第3章で触れたので、ここでは賀茂神社の葵祭について触れておきましょう。

賀茂神社は、上賀茂神社（賀茂別雷神社《かもわけいかづち》）と下鴨神社（賀茂御祖神社《かもみおや》）を合わせた総称です。

賀茂神社を奉斎していたのは賀茂（鴨）県主《あがたぬし》という氏族です。秦《はた》氏の系譜を記録した『秦氏本系帳《うじのほんけいちょう》』によると、秦氏と賀茂氏は婚姻関係にあったとされています。そこから、賀茂神社の創建に秦氏が関わった可能性も考えられます。

その賀茂神社で毎年行われる葵祭の起源は、次のように伝えられています。

六世紀の中頃に度重なる風水害による凶作が続きました。さらに疫病が全国に蔓延したため、その原因を占ったところ、賀茂の神の祟りであると判明します。そこで、天皇は賀茂神社に使いを出し、馬を走らせたり神人が面に葵をつけて走ったりする豊穣祈願の祭りを行いました。これが葵祭の始まりとされています。『秦氏本系帳』によると、神人はイノシシの頭をかぶって走ったそうです。日本ではもともと、鹿などを模した面をかぶることはありました。しかし、イノシシは大陸で兜《かぶと》などに使われていたモチーフであり、秦氏がもたらした狩猟民族的な文化を連想させます。

葵祭では流鏑馬《やぶさめ》も行われていることから、葵祭の原型は大陸から渡ってきたユダヤ系の人々が、かつての狩猟民族としての行動を一つの文化として昇華し、祭事として取り入れたものではないかと思われます。

ユダヤ人は仮面で変幻する

能が仮面劇であることには他にも深い意味があります。その意味を考えることは、芸術論を語るだけでなく、秦氏が日本にもたらしたものを考察することにもなるはずです。

まず一般論として、仮面には日常の自分を離れて精神を解き放つという意味があります。仮面劇では、人間の持つ一面を戯画的に表現するために仮面が使われます。あるいは、東洋の仮面舞踏のように、人間離れした存在を誇張して表現するのにも仮面は有効です。

一方、日本の能はそれらとは異なり、人間存在の奥に潜む一面が仮面によって引き出される効果があります。

世阿弥は、能の生命は〝花〟であるとしました。演者における花とは芸の品格であり、その最高のものは幽玄であると説いたのです。

さらに、そうした花は天性のものであり、それを備えたものが〝おもしろいもの〟を演ずるときに華やいだ美をもたらす、とも述べています。

ここで世阿弥の言う、〝おもしろいもの〟とは物狂いのことです。物狂いは大きく分けて二つあります。

神仏や生霊、死者などが祟ったり取りついたりすることによる物狂いがまず一つ。もう一つが、親と別れる、子を訪ねる、夫に捨てられる、妻に死なれるなどの思いによる物狂いです。

能役者は、物狂いを演じるために稽古を通して神仏や生霊や死者と交わります。その中で人間の精神の極みが神の世界にも通じることを体験します。

つまり、能における面とは、死者や生者の「霊」を表現したものだといえます。特に世阿弥の能では死者の霊が人々の気持ちや精神を支配していくさまが描かれ、見る人を感動へ導きます。霊の表現が幽玄へつながり、そこからさらに神とのつながりを感じさせるのです。

神と人の狭間という点に関連して、能における「シテ」「ワキ」と呼ばれる役柄の関係についても触れておかなければなりません。

能で面をつけるのはシテだけで、面をつけることでさまざまな役に変身します。面が表現する霊と一体になって演じるのです。

一方、ワキは現実世界の人間として舞台に登場し、神や死者の世界からやってきたシテと交わります。そのようにしてこの世とあの世が混然となるとき、能舞台は濃密な幽玄の世界となります。

私が教会で祈るのをやめたわけ

『翁』に見られるように、能は舞台上に神を現出させます。しかし、それは宗教儀式ではなく、あくまでも芸術表現であり、文化として継承されてきました。これを実現したのが秦氏であり、祇園祭や葵祭でも同じことを行ったのでしょう。

システィーナ礼拝堂（バチカン市国）

私は美術史家として、バチカン市国のシスティーナ礼拝堂で十年間、天井画の研究をしました。その結論として「ここには神はいない」と悟りました。

天井画には「神による天地創造の場面」から「ノアの方舟（大洪水）」に至る『旧約聖書』の物語が描かれています。作者のミケラ

ミケランジェロがシスティーナ礼拝堂の祭壇に描いた「最後の審判」（1541年完成）

ンジェロはそこに、火・水・土・空気の四元素を擬人化するという当時の哲学思想を用いて、「創世記」以来の人間が物質界で囚われの身になっている状態を表現したのです。

しかし、その囚われからの救いは雲の上にしかありません。地上に神は現出しないのです。

ミケランジェロは「恋愛をすれば雲の

上に行ける」という意味の言葉を遺しています。ギリシャ神話のゼウスがオオワシに変身して、美少年のガニュメデスを捕まえて天界に連れ去ったように、恋する心が強ければ天空に行けるというのです。

そこで、ミケランジェロがシスティーナ礼拝堂の祭壇に描いた「最後の審判」では、雲の上でイエス・キリストの周りにたくさんの人がひしめき合っています。イエスが次に何を言おうとしているかを凝視して待っているのです。これは、自分が救いに与《あずか》れるのかどうかをじっと待っているわけです。

このように、キリスト教徒は愛の幻想の世界にいます。私も最初の頃は礼拝堂で祈りを捧げていましたが、キリスト教徒は愛の幻想の世界にとどまっていると悟ってからは祈る気持ちも醒めました。そこには神の現出がないからです。

聖書の世界観で、神とはこの世界に現出するものではありません。『旧約聖書』の天地創造でも、初めから神がいて天地を創造し、光と闇に分けたことになっています。これは、自然を神と見なす日本神話とはまったく異なる考え方です。

『古事記』冒頭の漢文読み下し文はこうなります。

混《まじ》し元《りはじ》既《め》に凝り　気《かた》象《ち》未《あら》効《わさ》ず　名無く為《わざ》無く誰《たれ》か其の形知らむ　然《しかるに》乾坤《あめつち》初めて分かれ参《さん》

神造化首《しんぞうけはじめ》と作《なす》

これを現代文にすると、「混沌とした世界が固まり始めたが、まだ、形も名もなく何も起きていなかった。ところが、初めて世界が天と地とに分かれ、三柱の神が万物を創造した」といった意味になります。

自然から原初の神が現出したというこの考え方は、原日本人の自然信仰から生まれたものでしょう。しかし、こうした創世神話の語り口には『旧約聖書』との共通性も感じられます。

『古事記』は、猿楽の起源ともされるアメノウズメの末裔の稗田阿礼が習誦《しゅうしょう》していた歴史を太安万侶《おおのやすまろ》が筆録したものです。そして、先に触れたように、稗田阿礼は秦氏であった可能性があります。そこで、『古事記』の冒頭は、秦氏の影響でこのような表現になったと考えることもできるかもしれません。

秦氏は、自然から神が現出するという原日本人の宗教観を見事に言語化し、さらには舞台上で神を現出させる能を作り出したのです。

能は「自然道」を舞台で表現する

秦氏の影響を受けた可能性がある『古事記』でも、そこで語られる神話の本質は自然信仰的なものです。それは、秦氏に代表される渡来ユダヤ人たちが原日本人の宗教観に触れるうちに、自然の中に神を見出すようになったことを意味するのでしょう。

日本には豊かで美しい自然があります。日本では自然に素直に従って生きることが本当の信仰なのだと気づいたのでしょう。

私はそうした宗教観を「自然道」と呼んでいます。これは縄文時代に形成された自然信仰です。自然道は、のちに神道という形を取るようになりました。

縄文時代のストーンサークルなどの構築物は、夏至や冬至、春分や秋分といった太陽との関係に基づいて造られています。それらの構築物から、原日本人が自然の摂理をよく理解していたことがうかがえます。原日本人たちは自然に学び、自然に従って生きていたのです。

私が、能楽小《こ》鼓《つづみ》方《かた》大倉流十六世宗家の大倉源次郎氏と対談した『能の起源と秦氏　知られざる帰化ユダヤ人と日本文化の深層』（ヒカルランド）という本があります。ここから、能と自然に関する大倉氏の言葉を引用しましょう。

神道に教義はないというのは、そこなんですよね。お能の『羽衣』は、三保松原を舞台とした羽衣伝説と駿河舞を結びつけて編まれた演目で、その舞の手本が富士山なんです。富士の山は朝昼晩、四季折々に色が変わる、そのように舞人はお客様を飽きさせないように衣を着替えている、そして私たちのようなお囃子《はやし》は風の音だったり、鼓や太鼓は打ち寄せる波を表している。

つまり、自然の音や動きが音楽や舞の手本となっていて、これはまさに自然信仰、アニミズム、もっといえば八百万の神々の世界なんですね。

この大倉源次郎氏の言葉から、能とは自然道を芸術表現として舞台で展開するものであることがわかります。

さらに、大倉源次郎氏は能の演目『翁』が天地開闢《かいびゃく》を表現したものであると語ります。

まさにそのことが表現されているのが『翁』で、登場の仕方も翁の面《おもて》を納めた面箱を持つ千歳《せんざい》、翁、三番三、囃子方、地謡の順に、橋掛かりから段階的に登場してきます。

前半の千歳・翁の舞の間、囃子は笛一人、小鼓三人で演奏し、後半の三番叟（三番三の舞）の時に初めて大鼓が加わります。三番叟ではまず笛の独奏に続いて三人の小鼓が打ち始めるんですが、この笛の音は混沌とした宇宙に風が吹く様子を表していて、そして僕たちがかけ声と共に打つ小鼓の音は天・地・人に打ち分けていく、このように『翁』はまさに日本神話の天地開闢《かいびゃく》の様を表しているんですね。

大倉源次郎氏の言うように、『翁』が『古事記』における創世神話を思わせるのは、『翁』と『古事記』の両方に、秦氏が関わっているからでしょう。

冒頭の謡は秦氏の歓喜が表現されたもの

『翁』は他の演目とは別格のものとされ、「翁は能にして能にあらず」ともいわれます。物性はなく神事に近いものと考えていいでしょう。

昔は、『翁』を演じる役者は精進潔斎として当日まで一定期間、女性との接触が禁じられていました。食事も家族とは別の火を用いて調理されたものを食しました。

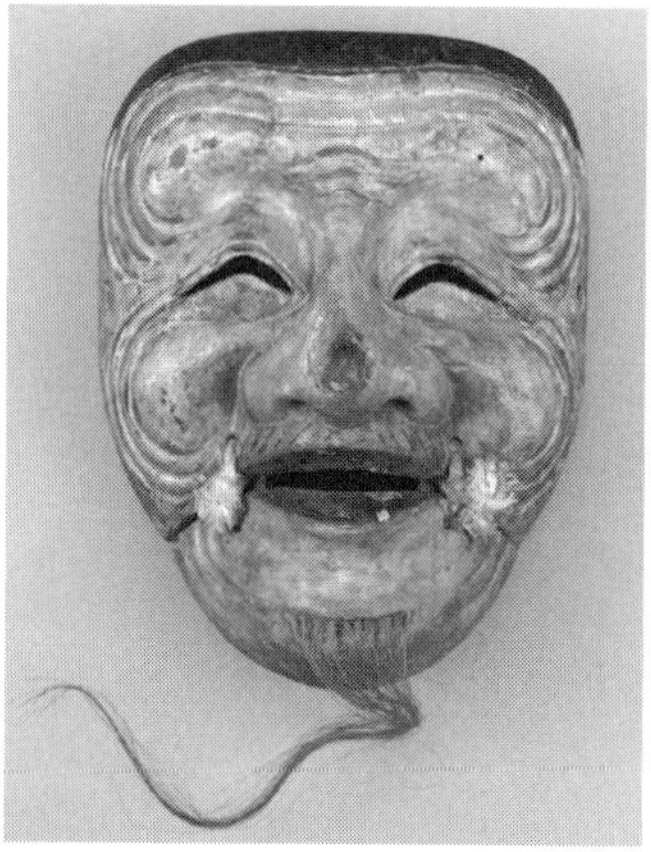

右は式三番面・白式尉（東京国立博物館蔵）。左は能面・黒式尉

そして、注連縄《しめなわ》を張って日本の神話の世界に変貌した舞台上で、至高の存在である翁へと変身したのです。ただ、現在は期間を短くするなど略した形で行っているようです。

『翁』の上演中は客席の扉が閉められて出入りが許されません。観客もまた神事の参加者であり、目撃者として言葉にできない領域を共有することになるからです。

『翁』で演者は神となり、天下泰平と国土安穏を祈祷して舞うことになります。

舞台で祝祷《しゅくとう》の舞いを見せるのは、千歳《せんざい》、翁、三番叟《さんばそう》（三番三とも）の三人です。

笛と小鼓による演奏が始まると、翁が「とうとうたらりたらりら、たらりあがりららりとう、ちりやたらりたらりら、たらりあがりららりとう、所千代までおはしませ」と唱えます。すると千歳が「鳴るは滝の水」と謡いながら舞いを始めます。

この翁による呪文めいた謡について私は、「とうとうと水が流れる。たらりたらりと水がこぼれる。ちりやたらりたらり移り、それがあらゆるところ末長く存在する」と解釈しています。つまり、日本が水と自然の豊かな国であることを謡っているのでしょう。

ここからは、砂漠や荒野が多いシルクロードを移動し続けて日本へ渡来した秦氏が、豊富な水を見て歓喜した様子が生き生きと伝わってくるようです。

なお、『翁』では白式尉《はくしきじょう》という白い顔の翁面と、黒式尉《こくしきじょう》という黒い顔の翁面の二種が用いられます。

このうち白式尉は穏やかな笑みをたたえており、縄文時代からの原日本人を表しているのでしょう。一方、三番叟に用いる黒式尉は田の神として庶民的な強健さが感じられます。これは秦氏などユダヤ人が渡来したことで変化した、大和時代以降の日本人の顔ではないか。

また、鬼面は秦氏や出雲系の人々など渡来したユダヤ人の象徴ということになります。

『明宿集』が説く翁の姿はタカミムスビそのもの

世阿弥の娘婿に当たる金春禅竹《こんぱるぜんちく》が著した秘伝書『明宿集《めいしゅく》』には、猿楽で最も神聖視される翁の本質について書かれています。

『明宿集』には翁について、「天地開闢の始まりからすでに出現していたもの」「地上の秩序を人間の王が統治するようになった今の時代に至るまで、一瞬の途切れもなく王位を守り、国土に富をもたらし、人民の暮らしを助けてくれている」といった意味のことが書かれています。

つまり、翁は日本の根源神（宿神）であるというのです。

表現が誇張されていることは差し引くとして、ここには翁という存在を考察する上で重要な内容が含まれています。

江戸時代中期の朱子学者である新井白石は、日本の神話に登場する「神」とはすべて実在の人間であると説いています。その考え方でいくと、縄文時代の日高見国の人々はまさしく神です。我々の先祖はみな神なのです。

そして、記紀における天地開闢とはすなわち、高天原（＝日高見国）の建国に当たると思われます。

ということは、日本における天地開闢の根源神である『翁』とは、日高見国の実質的な建国者であり、記紀で造化三神の一柱とされたタカミムスビということになりそうです。

天孫降臨して天皇家の祖となったニニギノミコトは、アマテラスの息子とタカミムスビの娘との間に生まれているので、タカミムスビは天皇家の祖先でもあります。

皇祖神という言葉は天皇の祖先を意味する言葉であり、一般的にはアマテラスを指します。『日本書紀』神代下の冒頭ではタカミムスビが皇祖とされています。いずれにせよ、ニニギノミコトの父方か母方かの違いだけなので、どちらを皇祖と呼んでも間違いではありません。

また、ニニギノミコトによる天孫降臨については、『古事記』ではアマテラスとタカミムスビが命じたとされます。一方、『日本書紀』の方ではタカミムスビが命じたとされています。

このことから、両者とも日高見国の指導者として同等の権威者であったと考えていいでしょう。

なお、『日本書紀』には即位前の初代・神武天皇が熊野から大和入りする場面で、それを助けた高倉下《たかくらじ》という人物の夢に、タカミムスビが登場する場面があります。

造化三神は独神《ひとりがみ》とされ、そのままの意味でとらえるなら性別はありません。しかし、実際の人間には必ず性別があるわけで、タカミムスビは男性、カミムスビは女性という説があります。

私は、日高見国を統一、すなわち〝結んだ〟のがタカミムスビであると考えています。さらに、ムスビとは、人と人が結ばれて人口が増えることや、さまざまな物の生産なども意味します。高いところから俯瞰して見る視点で日高見国統一を行ったので、「タカミムスビ」という名で呼ばれたのではないかと思います。

一方、カミムスビは生産の方に重きを置き、これがのちの物部氏につながっていきます。また、カミムスビは「カミ」とあることから祭祀も司っていたと見られます。これはのちの藤原氏につながっています。

かつて日高見国の中心にあった鹿島神宮は藤原氏と関係しています。鹿島神宮の近くの香取神宮が物部氏と関係しているのは、日高見国の時代にまでさかのぼってつながりがあるからです。

物部氏は関東の出身で、根拠地は現在の香取神宮でした。藤原氏の鹿島神宮とともに重要な神社で、江戸時代以前では、「神宮」と名がつくのは、伊勢神宮、鹿島神宮とこの香取神宮だけでした。

香取神宮は天皇家の信仰も大変あついところでした。天皇家の遠い祖先たちが、そこに祀られていたからです。

「橋掛かり」は流浪の民の渡来を表す表現

秦氏は原日本人が培ってきた精神性を後世に伝えるため、能の他にもさまざまな試みをしています。

例えば、高天原（＝日高見国）での出来事を神話にまとめたものを各地で広めたのも秦氏でしょう。私は各地に伝わる神話をめぐる伝承を「ご当地神話」と呼んでいます。

日本各地に点在する高天原神話や天岩戸とされる場所は、秦氏が流布した神話をもとに各地でご当地神話化したものなのです。

鳥居を見ると、本来の高天原とご当地神話としての高天原の違いがわかります。高天原（＝日高見国）の神社は神明《しんめい》鳥居ですが、ご当地神話のある地の神社は秦氏系の明神《みょうじん》鳥居となっています。

秦氏が流浪の民としての民族的経験を生かし、日本各地でご当地神話を定着させたことで、高天原（＝日高見国）の歴史と精神性は文化として継承されていきました。

宗教とは違い、文化は争いを生まないというのが利点の一つです。秦氏は天皇による日本の

右は神明鳥居（画像は七里の渡し［三重県桑名市］の一の鳥居）。左は明神鳥居（画像は東京都千代田区・神田明神の鳥居）

平和的統治を、文化振興によって支えてきたといえるでしょう。

秦氏の優れた点は、自身の文化を押し付けず、相手の文化に合わせた形で新たな文化を創造することです。例えば、能の舞台には弦楽器は登場しません。

弦楽器は主に遊牧民族によって発展したものであり、秦氏は大陸で弦楽器に慣れ親しんでいたはずです。しかし、日本人のような定着型の農耕民族にはあまり馴染まないことから、あえて弦楽器を採用しなかったのでしょう。

一方で能には、流浪の民であるユダヤ人ならではの影響も見られます。旅人にまつわる演目がそうですし、能舞台における「橋掛かり」の構造もそうでしょう。

橋掛かりとは、舞台左後方から斜め左奥へと向かう廊下のことで、屋根と欄干がついています。つまり、楽屋へ向かうための通路ではなく舞台の一部なのです。

能の演出でこの橋掛かりは、長い道のりを旅する様子を表現したり、本舞台にいる役者にはるか遠くから呼びかける場面などに使われたりします。

また、あの世の存在が登場する夢幻能《むげんのう》では、神や霊、鬼神などがこの世に現れる場となります。その場合、橋掛かりの奥があの世で、本舞台がこの世を象徴しています。

夢幻能では神や霊が旅人の前に現れて、その土地にまつわる伝説を語る話が多くあります。これなどは、秦氏が日本各地でご当地神話を定着させたことに重なるため、鑑賞すると「やはり能は秦氏が作ったのだ」と実感することができます。

能舞台の左側に伸びるのが橋掛かり

常に旅をしてきたユダヤ人だからこそ、そうした演出上の機能を持つ能舞台の橋掛かりを創造できたのでしょう。橋掛かりこそは、故国を失った流浪の民であるユダヤ人が海を渡り、日本という〝舞台〟にたどり着いたことを表現したものかもしれません。

なお、十九世紀末から二十世紀前半にかけて活躍したフランスの劇作家、ポール・クローデルは、「劇、それは何事かの到来、能、それは何者かの到来」という的を射た表現で、能と西洋の演劇の違いを表現しています。

秦氏の「天」という概念が高天原を生んだ

夢幻能で橋掛かりを用いて表現される〝あの世〟についても考察しておきましょう。縄文時代の原日本人には、もう一つの世界としてのあの世という概念がありませんでした。当然、創造神やサタンといった観念的な存在の概念を持つこともありません。

そうなったのは、日本人が昔から自然と一体となった生活をして、自然に守られてきたためでしょう。住居や集落でも、周りを囲む大きな壁などはっきりとした境界を作らなかったことにも関係しています。

豊かな自然のおかげで生活にもあまり不満がなかったので、現世からの逃避先としてのあの世を必要としなかったわけです。

一方で、ユダヤ人は一神教であり概念的な神を信じていたので、あの世とこの世の交わりを表現する夢幻能を作り出すことができたのでしょう。

縄文時代の原日本人が持っていなかった「天」という概念を、秦氏などのユダヤ人がもたらさなければ、稗田阿礼が日高見国を「高天原」と表現することもなかったはずです。日本に渡来したユダヤ人たちは、豊かな自然とそこに暮らす温厚な人々を見て、天国が地上にあることを発見したのです。

ただし、高天原という一神教的な要素を含む概念が生まれたために、それまで自然信仰のシンボルであった富士山の存在が隠されてしまいました。記紀に富士山が一切登場しないのはそのためでしょう。

つまり、秦氏などユダヤ人にとっては、自然の具象よりも「天」という抽象の方が大切なのです。そこで、一番早く太陽を見ることのできる場所という意味で、日高見国を高天原とするという抽象概念が生まれました。

故国を失って流浪するユダヤ人たちは民族のアイデンティティを保つため、自分たちの信仰や風習を語り継いできた歴史があります。それを主に担うのが聖職者のラビであり、日本に渡来したユダヤ人にもラビが多く含まれたことから、日本の神話にも一神教的な概念が流入することになったのでしょう。

また、縄文時代の原日本人は、美しい自然の中で太陽や山を拝むだけで宗教的な高揚を得られました。一方、ユダヤ人には芸能によって神を喜ばせるという発想がありました。

そこで、秦氏は日本で祭りや芸能文化を発展させることになったのでしょう。

能に反映されたユダヤ的な怨念

能では、この世とあの世という対立構造の他、善と悪という対立概念も表現されます。これも一神教的なとらえ方です。

日本にはもともと「地獄」という概念はありません。大祓詞《おおはらえのことば》という、罪や穢《けが》れを祓うための祝詞を唱えれば罪はなくなる、という考え方で神事が執り行われます。お祓いで過去を水に流し、恨みごともすべて忘れ去ろうとするのです。

一方、ユダヤ人には原罪という意識があり、悩みや苦しみが常につきまといます。

秦氏はその原罪意識と一神教を捨て、日本に同化する道を選びました。蘇我氏は原罪意識を捨てられず、ネストリウス派キリスト教を広めようとして最終的に自滅します。その失敗を見た秦氏は、さらに日本への同化を進めていくことになりました。

そのようにして日本にすっかり同化した秦氏でしたが、ユダヤ的な感覚をきれいさっぱりなくしたわけではありません。そこで、能の中には怨念の感情を伴った表現も入っているわけです。

能の演目の中には、霊が怨念を持ってあの世から戻ってくるものがあります。ユダヤ人は故国を追われた怨念をなかなか拭えず、逃避先としてのあの世が必要だったのでしょう。

生まれた場所を追われた怨念が身に染み付いている秦氏が作った能にも、必然的に、怨念という要素が入りました。

負の感情を芸術として表現すると、過去のつらい体験や過ちを整理して学びを得られます。一方、喜怒哀楽も含め、人間世界の多種多様な感情を表現することで、神を喜ばせるという考え方もあります。聖徳太子が秦河勝に「六十六番の物まね」を演じさせたのも、多様な感情を表現させるという発想があったのだと思われます。

漢字到来以前の日本に文字で書かれたものが残っていないのは、言葉は葉っぱのように散るものと考えられたからでしょう（「言の葉」という言葉もあります）。言葉にするとどうしても嘘になってしまうという感覚があったのです。

この原日本人の感覚にも重きを置きつつ、言葉で表現するという一神教的な文化や、この世とあの世、善と悪といった抽象概念を取り入れたことで、秦氏は『古事記』や能の形成に大きく寄与したのでしょう。

秦氏と「一所（生）懸命」

秦氏が、現代まで継承されている優れた芸能文化である能を作ることができたのは、第二十一代・雄略天皇から太秦《うずまさ》の地を与えられたりして、日本各地に自分たちの土地を持ったことが理由の一つであると考えられます。

それに関連して、日本人の精神性の土台となっている〝一所懸命（一生懸命）〟という性質についても説明しておきましょう。

一所懸命という性質は、私たちと先祖伝来の土地を強く結びつけるものです。鎌倉幕府が武士の領地を認め、手柄があれば新しく領地を与えたので、同じ土地に子々孫々に渡って住み続けられるようになりました。

その場所で、まじめに働いていればそれに応じたものを子孫に遺すことができます。また、各戸・集落ごとの生活文化や風習を後世に伝えることもできます。

一所《ひとところ》で懸命に働けば実りがあることから「一所懸命」という言葉が生まれました。人々は家族や共同体に何かを遺そうと「一生懸命」に働いたのです。

この〝一所懸命（一生懸命）〟は、まさに日本人ならではのすばらしい美徳です。

そして、能の『翁』ではこれを「所千代までおはしませ」「我等も千秋さむらはう」と謡います。「この場所に永遠にいてください」「私たちも一緒に秋の実りを迎えます」という意味です。

秦氏が能という芸術を作り、また祇園祭を文化にできたのは、日本人と同じように自分たちの土地を持つことができたからでしょう。しっかりと土地に根付いて日本人の美徳から学びつつ、大陸での流浪の経験も生かしながら、芸を磨き文化を創造していったのです。

土地に根付いた生き方をしている日本人であれば、能の鑑賞を通じて、秦氏が創造した奥深い芸術の世界を堪能できるはずです。

ところが、現在では都会に住む土地に根付いていない人たちがたくさんいて、なかなか能のよさが理解できません。土地に根付いたところから生まれた芸術を理解するには、受け取る側も土地に根付いている必要があるからでしょう。

能は日本人の霊性を呼び覚ます

能の醍醐味は、はるか昔の人が舞台上で今まさにそこへ現れたような臨場感を味わえることです。『清経《きよつね》』の平清経や『通小町《かよいこまち》』の小野小町が舞台上で生き返り、観客はその人生をありありと感じ取ることができます。その不思議な感覚は子供でもわかる子にはわかります。

もちろん、能役者の力量は重要です。演じているその時代の人物になりきって、観客にその時代の幻を見せる技量が必要とされるからです。

そうした演者が一人でも舞台に立っていれば、観客はみんな見入ってしまいます。臨場感に圧倒されてしまうのです。しかし、形式的に演じているだけではその域に達しません。

昔と今がつながるその感覚は、先祖と今の私たちがつながる感覚まで呼び起こします。そこから歴史や伝統文化を継承しようとする心が育まれます。

能には日本人の霊性を呼び覚ます力があるのです。だからこそ、若い人にはぜひ能を見てほしいのですが、関心を持ってもらうには伝え方の工夫も必要でしょう。

例えば、秦氏に代表される渡来したユダヤ人たちが日本に同化しながら、こうした文化を発

通小町（月岡耕漁『能楽図絵』）

展させていったことを伝えるのもその一つです。

自然の中に神を見出してきた原日本人の自然道に、秦氏があの世の概念を持ち込んだことで能が形成されてきたと知れば、神や霊が出現する能の物語もより深く理解できるはずです。

現代は芸術が世界的にも普遍的な価値を持つ時代です。能を通して日本の自然道の感覚や日本人の美徳を世界に伝えることもできます。

言葉で説かなくても、能におけるすべての表現が、「日本的な霊性とは何か」「日本人にとって美とは何か」「日本とは何か」などを世界中の誰もが理解できる形で伝えてくれるのです。

おわりに　戦後左翼による伝統文化破壊に抗おう

本書では出雲と諏訪とユダヤ系秦氏とのつながりを取り上げるとともに、日本における二つの流れを見てきました。一つは縄文から続く原日本人による自然道の流れで、もう一つは秦氏が持ち込んだ文化的な流れです。その二つが交わり合ってできたのが祇園祭であり、能であるといえるでしょう。

私たち日本人はこの二つの流れを再認識し、その調和を図らなければなりません。なぜなら、世界の文化的資源が現在枯渇しつつあるからです。どの国でも新たな力となる思想や文化がなかなか出てこなくなり、人類の精神性のレベルは低下する一方です。

その原因の一つが、ユダヤ系ドイツ人の学者を中心にして二十世紀前半に形成された、マルクス主義を発展させたと称する「フランクフルト学派」です。

この思想家グループは社会主義運動が失敗して以降、伝統と文化の破壊へ向かいました。それにより、あらゆる権力や権威を徹底的に破壊しようとしたのです。

自国の文化も尊重したり敬意を払ったりすべきではないという彼らの思想は世界中に浸透しつつあり、各国で伝統文化の破壊が起きています。日本はまだ伝統文化を大切にする方ですが、米国や中国などはひどいものです。

ただ一つ留意していただきたいのは、ここで私は民族としてのユダヤ人を批判したいわけではないということです。

ユダヤ人である秦氏は日本へ渡来して能を創造し、能は日本の伝統文化となりました。秦氏だけでなく多くのユダヤ人が日本に渡来して同化ユダヤ人となり、さまざまな技術や文化を伝えて、日本というこのすばらしい国の発展に貢献してくれたのです。

私は、日本におけるユダヤ人の貢献について、二〇一八年十二月にイスラエルのテルアビブ大学で開催された日本学会で公式に発表し多くの賛同を得ました。

一方の日本の学会では、いまだに左翼批判・共産主義批判がタブー視されています。これは日本の学会のメンバーや主要メディアが左翼系であるからです。フランクフルト学派の学者たちも高い評価を受けるばかりで、彼らのことを批判する人はいません。

しかし、今はインターネットの時代ですから、私の本や講演の動画などで「正しい保守思想とは何か」や日本の同化ユダヤ人の歴史を知った人々が自由に意見を交わし合うようになってきています。

保守系の論壇誌でも同化ユダヤ人についての記事を掲載するところが現れてきており、世の中が変わってきたという手ごたえを感じています。日本の伝統文化を次世代に伝えるためにも、これまで通り精力的に、私が知った事実を発信し続けたいと思っています。

著者プロフィール

田中 英道（たなか ひでみち）

1942年東京生まれ。東京大学文学部仏文科、美術史学科卒。ストラスブール大学に留学しドクトラ（博士号）取得。文学博士。東北大学名誉教授。フランス、イタリア美術史研究の第一人者として活躍する一方、日本美術の世界的価値に着目し、精力的な研究を展開している。また日本独自の文化・歴史の重要性を提唱し、日本国史学会の代表を務める。
著書に『日本美術全史』（講談社）、『日本の歴史 本当は何がすごいのか』『日本の文化 本当は何がすごいのか』『世界史の中の日本 本当は何がすごいのか』『世界文化遺産から読み解く世界史』『日本の宗教 本当は何がすごいのか』『日本史５つの法則』『日本の戦争 何が真実なのか』『聖徳太子 本当は何がすごいのか』『日本国史 上・下』『日本が世界で輝く時代』『ユダヤ人埴輪があった！』『左翼グローバリズムとの対決』『新日本古代史』『決定版 神武天皇の真実』『聖徳太子は暗殺された ユダヤ系蘇我氏の挫折』（以上、扶桑社）、『日本国史の源流』『京都はユダヤ人秦氏がつくった』『日本と中国 外交史の真実』（以上、育鵬社）、『日本神話と同化ユダヤ人』『「国譲り神話」の真実』『荒ぶる神、スサノオ』（以上、勉誠出版）、『虚構の戦後レジーム』（啓文社書房）、『ユダヤ人は日本に同化した』（ヒカルランド）、『日本にやって来たユダヤ人の古代史』『やはり義経はチンギス・ハーンだった』（文芸社）などがある。

同化ユダヤ人のすばらしい日本への貢献 出雲・諏訪・祇園祭・能と秦氏

2024年５月15日　初版第１刷発行

著　者　田中 英道
発行者　瓜谷 綱延
発行所　株式会社文芸社
〒160-0022　東京都新宿区新宿1－10－1
電話　03-5369-3060（代表）
03-5369-2299（販売）

印刷所　株式会社暁印刷

ISBN978-4-286-24819-6